느린 아이를 위한 말놀이 처방전

4~7세 어휘발달 가이드북

이미래 글

느린 아이를 위한 말놀이 처방전

여름의서재

작가의 말

느린 아이를 위한
말놀이 교실에 초대합니다

    전 세계를 혼란에 빠뜨렸던 코로나는 우리 일상에 큰 변화를 가져왔습니다. 3~4년이라는 짧은 기간 동안 비대면에 익숙해졌고 적극적인 상호작용을 시도하는 것도 조심스러워졌어요. 이제 '코로나 베이비', '디지털 키즈', '문해력 격차'와 같은 단어들은 일상어가 되었습니다.

    2020년 무렵에 태어난 아이들은 어느덧 유아기의 터널을 지나고 있습니다. 이 시기의 아이들은 디지털 기기로 미디어를 일찍 접한 세대이기도 하지요. 식당에서 밥을 먹을 때, 테이블 위에 놓인 스마트 패드나 스마트폰에 집중한 아이의 모습이 더 이상 낯설지 않습니다. 미디어 노출 문제에 대해 고민하면서도 각 가정만의 방식에 따라 미디어를 교육의 도구로 활용하기도 합니다.

저는 15년 차 언어재활사(언어치료사)입니다. 언어치료 현장에서 일하며 다양한 아이와 양육자를 마주했습니다. 스마트폰이 본격적으로 보급되기 전부터 현장에 머무르면서 시대의 흐름을 살펴볼 수 있었어요. 이제는 AI가 언어치료 현장에서도 낯설지 않은 도구가 되었습니다. 그렇다면 치료 현장에서 마주한 아이들은 어떨까요?

"말이 늦게 트인 편이었는데, 또래보다 사용하는 단어가 적어요. 대화할 때 더 다양한 단어를 많이 사용했으면 좋겠어요."
"사용하는 문장의 길이가 짧은 편이에요. 자신감도 부족하고요. 책을 읽어 주는 거 말고 집에서 도와줄 방법이 있을까요?"
"발음이 부정확해요. 어린이집에 다니기 시작할 때부터 주변에서 마스크를 착용해서 그런 걸까요? 치료실에 가야 할까요?"
"미디어 노출이 좋지 않다는 건 알지요. 그래도 학습 도구로 사용하는 건 괜찮지 않을까요?"

이러한 고민은 언어치료실뿐만 아니라 온라인 상담에서도 자주 접합니다. 이 책은 그 질문에서 시작되었습니다. 특히 4~7세 자녀를 양육하는 부모님의 고민을 그냥 지나칠 수 없었어요. 언어 발달에 있어서 24~36개월 무렵은 놓칠 수 없는, 골든타임이기 때문이지요. 4~7세는 문해력의 기반을 다질 수 있는 최적의 시간입니다. 그리고 그 이후에도 아이의 언어는 꾸준히 성장합니다.

또한 4~7세는 가정에서 집중적으로 언어자극을 줄 수 있는 취학 전 마지막 시기입니다. 본격적인 학령기를 준비하는 단계예요. 아이들은 반짝이는 눈으로 엄마와 아빠를 바라보고 귀를 쫑긋 세우는 시기입니다. 사교육의 힘을 빌릴 수도 있지만, 무엇보다 '가정' 안에서 문해력이라는 자원을 만드는 게 중요해요.

4~7세 아이에게 들려줄 수 있는 언어자극은 일상에서 시작합니다. 집에서 양육자의 말을 듣고, 책을 보면서 아이는 친숙한 어휘를 이해하고 확장하고, 문장을 만들 수 있어요. 편안하고 아늑한 분위기 속에서 아이는 쉽고 재미있게 문해력의 기반을 다질 수 있습니다.

"또래보다 배우는 게 느린데 곁에서 부모가 함께할 수 있을까요?"
"어휘 능력이 그리 좋지 않은데, 언어자극을 주는 게 가능할까요?"
"나중에 학교 생활에 적응하려면 한글 공부나 학습지를 하는 게 더 낫지 않을까요?"

'느린 아이'는 우리 아이에게만 한정된 고민이 아닙니다. 부모라면 누구나 한번 정도는 아이를 재운 후 남몰래 맘카페에 아이의 언어발달, 기관 적응에 대한 고민을 나누거나 부모로서의 자기 반성문을 쓰곤 합니다. '우리 애가 또래보다 느린 건 아닐까?' 하는 조바심에 밤잠을 설치기도 하고요. 부모님의 그 마음을 잘 알고 있습니다. 미리부터 걱정은 마세요. 제가 그동안 언어치료 현장과 온라인 상담에서 마주했던 사례를 통해 가정에서 실천하기 쉬운 방법을 안내해 드릴게요.

돌이켜보면 언어치료실에서 마주하는 4~7세 아이들이 늘 어렵게 느껴지곤 했습니다. 36개월을 지나 조금 더 큰 세상 속에 아주 작은 발을 내딛는 아이들의 언어발달 성장에 대한 부담감 때문이 있었지요. 특히 초등학교 입학을 앞둔 6~7세 아이들을 마주할 때면 치료사로서 갖는 사명감이 더 커지는 것만 같았어요. 수업 하루 전이면 긴장으로 밤잠을 설치거나 꿈에서도 아이를 마주한 기억도 떠오릅니다.

대학원에 다시 들어가서 학습장애 교육 과정을 공부하고, 아이의 초등학교 입학을 준비하고 언어치료 현장에서 일하면서 저는 신기한 교집합을 발견했습니다. 언어발달의 각 영역과 연령이 칼로 무 자르듯 구분하기 어렵다는 사실은 이전부터 알고 있었지만, 4~7세는 언어발달에 있어서 매우 중요한 시기라는 점이었어요.

학령기 언어발달에서 중요한 요소인 '말하기, 듣기, 읽기, 쓰기'는 초등학교 입학 이후에 저절로 완성되지 않는다. 그러므로 입학 전에 읽기, 쓰기를 위한 기반을 다지는 것이 매우 중요하다. 가정에서의 책 읽기 경험은 여러 연구자가 인정한 매우 중요한 초기 문해 경험이다. 그 가운데 어휘 발달의 뿌리가 튼튼해야 한다. 그 기반은 4~7세 때 탄탄하게 다질 수 있다.

이러한 메시지를 많은 사람에게 전하고 싶은 마음이 커지기 시작했습니다. 블로그와 SNS에 짤막하게 기록하자니 부족하다는 생각이 들었지요. '4~7세 시기의 중요성을 말하는 책은 이미 나와 있지 않을까? 언어치료사로서 전할 수 있는 특별한 메시지가 있을까?'를 고민하며 언어치료 현장에서 아이들을 마주했습니다. 그리고 부모교육을 진행하던 중, 느린 아이를 키우는 양육자분들의 고민이 온몸으로 전해졌어요. 치료 현장에서, 그리고 집에서 아이에게 책을 읽어 주고, 대화를 나눌 때마다 해왔던 저의 고민도 4~7세 아이의 부모라면 누구나 마주할 수 있으리라는 확신이 들기 시작했어요.

'아이에게 이 단어의 뜻을 어떻게 쉽게 설명할 수 있을까?', '아이에게 몇 권의 책을 읽어 주어야 적당한 편일까?'라는 고민에서 '느린 아이에게 더 쉽고 친절하게 단어의 뜻을 알려 줄 방법은 없을까?', '아이가 가지고 있는 잠재적인 언어 능력을 이끌어 줄 방법은 없을까?'라는 고민으로 가지를 펼치고 그 답을 하나하나 찾아가는 과정을 거쳤습니다. 그 과정과 열매가 이 책에 모두 담겨 있어요.

조금 천천히 배우는 4~7세 아이를 둔 학부모님에게도 이 책이 아이의 어휘력 성장을 위한 친절한 가이드가 되어 드리겠습니다. 쉽고, 가볍고, 재미있게 함께 가면 힘들지 않아요.

· 차례 ·

작가의 말   4

PART 1 우리 아이 정말 느린 걸까요

태어나자마자 마스크를 쓴 코로나 키즈	14
미디어와 함께 자라는 아이들	18
기질(잠재능력)에 따라 다름을 인정하기	24
언어발달이 '느린' 아이란?	29
배움의 속도에 연연하지 않기	34
느린 아이의 부모 역할	37
느린 아이를 위한 슬기로운 미디어 생활	43
치료 기관 선택 기준	48
느린 아이의 사회성	54
마음숲 가꾸기	59

PART 2 느린 아이를 위한 말놀이 처방전

어휘 처방전	66
문장 처방전	72
부정확한 발음(조음)에 대한 처방전	78
비유창성(말더듬)에 대한 처방전	86
대화 기술(화용)에 대한 처방전	93

PART 3 4~7세 느린 아이를 위한 어휘 교실

아이마다 다른 어휘 습득 속도   108
  이렇게 해 주세요   118
어휘 마인드맵 만들기   120
쉽고 재미있는 말놀이 시간   127
  이렇게 해 주세요   137
아이의 어휘력을 키워 주는 책 읽기   140
어휘력이 자라는 독서 환경 만들기   143
  이렇게 해 주세요   150
어휘가 자라나는 독후 시간   155
  이렇게 해 주세요   157
쓰기와 친해지는 시간   161
놀이를 통해 배우는 아이들   168
매끄러운 대화를 위한 경청의 기술   173
느린 아이를 위한 대화 기술   176
대화로 놀이하며 키우는 어휘력   184
질문으로 키우는 어휘력   192
  이렇게 해 주세요   199

부록 1. 말자극 놀이법   207
부록 2. 양육자를 위한 언어발달 상담소   220
부록 3. 슬기로운 미디어 활용법   230

참고 자료   234

부모라면 누구나 한번쯤 '우리 아이의 언어발달, 괜찮은 걸까?'라는 질문을 마주합니다. 많은 정보 속에서 아이에게 딱 맞는 지식을 얻기가 점점 더 어려워지고 있지요. 4~7세 아이들의 사례와 양육 환경을 짚으며 이 책을 열고자 합니다. 더불어 느린 아이의 특성과 양육자의 역할을 함께 이야기해 볼게요.

태어나자마자 마스크를 쓴 코로나 키즈

2020년에 시작된 팬데믹 이후로 코로나와 언어발달의 각 영역이 연결된 주제의 뉴스를 자주 접합니다. '코로나와 언어발달', '마스크와 발음', '코로나와 사회성'이 큰 이슈였지요. 이런 기사를 접하면, '맞아, 코로나 때문에 언어발달이 늦어진 거 같아'라는 생각이 드는 동시에 '정말 코로나 때문에 언어발달이 늦는 걸까?', '집에서 언어자극을 줄 방법은 없을까?'를 고민하게 됩니다.

올해 4세인 서준이는 또래에 비해 말수가 적은 편이에요. 또래와의 상호작용에도 큰 관심이 없습니다. 24개월 무렵 영유아 검진에서도 언어발달이 조금 늦은 편이라는 소견을 들었지만, 36개월 이후에는 좀 나아질 줄 알았어요. 그런데 부모의 질문에 대답하기 어려워하고, 가족들과도 말을 주고받는 핑퐁 대화보다는 혼자 노는 것을 더 좋아합니다.

'조금 더 시간이 지나면 나아지겠지'라고 생각했지만 안 되겠다 싶어 일단 검사를 받아 보기로 했습니다. 검사를 앞두고도 가정에서 어떻게 언어자극을 줄 수 있을지 고민입니다. 코로나 때문에 아이의 언어발달이 지연된 건지, 기질적으로 발달이 느린 건지 걱정이 앞섭니다.

의사소통은 '말'뿐만 아니라 '비언어적' 소통도 함께 이루어져야 합니다. 눈을 마주하며 웃는 얼굴로 인사하고, 고개를 끄덕이고(동의), 상대방의 어깨를 두드리는 모습(격려)이 바로 비언어적 소통이에요. 마스크는 이러한 비언어적 의사소통 시도를 단절시켰어요. 아이들은 자연스럽게 이러한 소통을 배울 기회를 잃어버렸지요.

서준이처럼 팬데믹이 한창일 때 태어난 아이는 물론 그 시기에 영유아 시기를 보낸 아이의 양육자라면 누구나 공감할 거예요. 당시 초등학교에 입학한 아이들은 이제 고학년이 되었지만, 기초 학습이 어려운 학생이 더 많아졌지요. 이처럼 팬데믹은 어린아이를 양육하는 부모에게 막막하고 어두컴컴하게 느껴지는 터널과도 같았습니다. 아이에게 편안하게 언어자극을 들려주고, 상호작용을 하는 방법을 배울 수 있는 시간적, 공간적, 심리적 여유가 없었거든요. 이 시기를 지나온(또는 지나고 있는) 아이와 부모에게는 어떤 솔루션이 필요할까요? 아이의 발달은 어느 한 지점에만 머무르지 않습니다. 연령에 상관없이 일상에서 꾸준히 아이를 관찰하고 언어자극(양분)을 주는 것이 중요합니다. 아이에게 적절한 양분을 주기 위해서는 아이의 생활양식을 점검하는 과정이 필요해요. 가벼운 마음으로 아이의 생활 패턴과 환경을 점검해 보세요.

생활 패턴과 환경 점검표

항목	내용
생활 양식	• 기상/낮잠/취침 시간은 언제인가요? • 식사/간식 시간은 언제인가요? • 규칙적으로 생활하는 편인가요?
선호도	• 좋아하는 장난감과 놀이는 무엇인가요? • 집에 있는 장난감 중 관심이 없는 것도 있나요? • 자주 보는 그림책(또는 그림책의 주제)은 무엇인가요? • 부모와 함께하고 싶어 하는 놀이는 무엇인가요? • 오래 할 수 있는 놀이는 무엇인가요?

의사소통	• 원하는 것을 어떻게 표현하나요?
	  (예: 말, 몸짓, 말과 몸짓, 문장)
	• 말할 때 어떤 형태로 표현하나요?
	  (예: 단어, 짧은 문장, 외운 말 등)

또래와의 상호작용	• 또래와 주로 어디에서 상호작용을 하나요?
	  (예: 놀이터, 어린이집, 가정)
	• 또래와 어떻게 소통하나요?
	  (예: 말, 몸짓, 부모에게 도움 요청, 소통하려고 하지 않음)
	• 또래와의 상호작용을 어떻게 시작하나요?
	  (예: 친구 이름 부르기, 친구의 몸을 터치하기, 친구 주변에 다가가서 머뭇거리기 등)

아직 아이와 함께 풀어야 할 팬데믹의 잔재가 많이 남아 있습니다. 이제 환경이나 남 탓으로 돌리기보다는 실제적인 해결 방법을 찾아서 적용해야 해요. 앞으로 어떤 위기를 또 마주하게 되더라도 변하지 않아야 할 것은 아이에 대한 사랑과 지지입니다. 4~7세는 언어발달과 함께 정서적인 자원도 함께 다지는 시기예요. 아이는 엄마와 아빠로부터 받은 지지를 통해 성장할 수 있습니다. 밥에서 엄마의 사랑이 느껴지듯, 아이에게 들려주는 어휘 자극 안에 애정을 듬뿍 담아 주세요.

미디어와
함께 자라는 아이들

올해 다섯 살인 민서는 늦잠을 많이 자요. 워킹맘인 엄마는 아이를 깨우려고 TV를 켜고 아이는 영상을 보며 아침밥을 간신히 먹고 겨우 등원합니다. 퇴근 후 집에 온 민서 엄마는 진이 다 빠져서 민서와 놀아 줄 에너지가 남아 있지 않아요. 아빠의 퇴근도 늦고요. 엄마와 아빠가 애써 역할놀이를 해 주기도 하지만, 요즘에는 민서 혼자 한글이나 영어 관련 영상을 보는 날이 더 많습니다.

요즘 민서는 유치원에서도 피곤해하고 수업에 집중하는 시간도 짧아졌다고 합니다. 원 안에서 선생님의 간단한 지시를 따르는 것도 힘들어합니다. 민서 엄마와 아빠는 해결책을 찾지 못한 채 답답한 마음입니다.

이러한 사례는 민서네만의 모습이 아닙니다. 주변에서도 어렵지 않게 볼 수 있지요. '부모에게는 아이의 발달 시기마다 또 다른 관문이 기다리고 있다'라는 말이 있습니다. 아이가 성장할수록 하나의 요소만이 아닌 각 발달 영역과 일상이 더 긴밀히 연결되어 있어요. 알고 있다 해도 수많은 발달의 관문 앞에서 양육자는 당황스러울 수밖에 없습니다.

민서의 사례에서도 규칙적인 생활 습관, 주의력, 정서, 인지 등의 발달 요소가 맞물려 있다는 것을 알 수 있어요. 단편적으로 '미디어를 많이 봐서', '엄마나 아빠와 함께하는 시간이 적어서', '아이가 기질적으로 예민해서'라고 생각할 수도 있습니다. 하지만 하나의 원인에 머무를 것이 아니라 여러 가지 발달 요소와 환경을 함께 살펴보아야 합니다.

미디어의 종류는 다양해요. TV, 스마트폰, 태블릿 PC 등이 있고 기기의 크기 또한 다르지요. 교육용 기기와 인공지능 기기를 사용하는 가정도 늘고 있습니다. 주변에서 흔히 접하는 미디어는 아이에게 해가 되는 것만은 아닙니다. 지혜롭게 사용하면 아이에게 유용한 도구가 될 수 있어요. 언어치료 현장에서도 시각적인 이미지가 전달에 도움이 된다고 판단될 때는 디지털 기기를 사용합니다. 함께 글을 읽다가 '초가집'이 나왔을 때, "옛날 사람들이 살던 집인데, 지푸라기로 만들었어."라고 설명하는 것보다 이미지를 보여 주면 훨씬 더 효과적으로 전달할 수 있지요.

　미디어가 전달하는 소리 또한 아이들의 집중을 유도할 수 있습니다. 특히 가정에서 큰 효과를 볼 수 있는데요, 할아버지의 목소리부터 동물 소리, 다양한 음향 효과는 부모의 목을 잠시 쉴 수 있도록 도와줍니다. 스마트폰이 세상에 나오기 훨씬 전부터 카세트테이프나 CD를 통해 원어민 목소리를 들려준 것도 이와 유사한 방법이지요. 원어민의 목소리로 외국어를 노출하고 아이도 즐거워한다면 그야말로 일석이조입니다.

　때로는 미디어를 보상의 수단으로 사용할 수도 있어요. 주어진 과제를 하고 난 이후에 짧은 시간 시청하는 영상은 아이에게 꿀맛 같은 휴식을 제공합니다. 가정마다 보상의 방법은 다르지만, '일기를 다 쓰고 나면', '이 책을 다 읽고 나면', '몇 문제 더 풀고 나면' 미디어를 볼 수 있다는 조건을 제시하지요.

　다시, 돌고 돌아와서 아이에게 미디어를 처음 보여 주게 된 계기가 무엇이었는지 떠올려 볼까요? 앞서 다룬 이유 외에도 다양한 계기를 있을 거예요. 정리해 보면 다음과 같습니다. 여러분의 가정은 어느 부분에 해당하는지 점검해 보세요.

미디어 환경 점검표

우리 집 미디어 환경 점검하기	해당 번호를 쓰거나, 질문에 대한 답을 적어 보세요.
• 미디어를 보여 주는 이유는 무엇인가요? ① 외국어 노출, 한글, 수, 그 외 교육 콘텐츠 등 교육적인 목적 ② 재택근무나 아이가 아파 등원하지 못했을 때 집안일이나 일을 하기 위한 목적 ③ 공공장소에서 다른 사람에게 피해를 안 주려는 목적 ④ 기타: 아이가 가만히 앉아 있기 힘들어할 때, 심심하다고 할 때, 부모의 지루함을 달래기 위한 목적	
• 시청 시간은 얼마나 되나요? ① 30분 미만 ② 30분~1시간 ③ 1~2시간 ④ 2시간 이상	
• 주로 보는 영상의 종류나 제목은 무엇인가요? ① 교육용 영상(영어, 한글, 수 등) ② 인기 캐릭터 영상 ③ 동요 ④ 기타	• 기타의 경우, 아이는 어떤 영상을 주로 보나요?
• 미디어를 시청할 때, 양육자는 무엇을 하나요? ① 밀린 집안일(식사 준비, 빨래, 청소 등) ② 잠깐의 휴식 ③ 아이의 곁에서 함께 시청 ④ 기타	• 기타의 경우, 부모는 주로 무엇을 하고 있나요?

2021년 한 조사 결과에서는 '공공장소에서 아이를 조용히 시키기 위해' 미디어를 허용하는 경우가 가장 많았어요. 그 뒤로 '양육자가 집안일이나 업무를 하기 위해', '자녀가 해야 할 일에 대한 보상을 위해' 미디어를 허용한다는 대답이 이어졌습니다. 스마트기기의 용도로는 동영상 시청이 가장 높은 비중을 차지했어요. 가정 내에서의 교육 매체로는 태블릿 PC를 가장 많이 활용하고 있다고 합니다.*

미디어 이용 목적은 가정마다 다를 수 있어요. 자녀가 한 명인 가정과 두 명 이상인 가정은 미디어 첫 노출 시기에서 차이가 있는 경우가 많습니다. 첫째 아이만 있을 때는 24개월 미만까지 미디어를 보여 주지 않았지만, 동생은 24개월 이전부터 형, 누나, 언니가 좋아하는 영상을 자연스럽게 접하게 되었을 가능성이 있어요.

청소년기에도 미디어 과의존 탓에 부모, 자식 간의 갈등은 물론 다양한 문제가 일어나고 있습니다. 영유아 시기는 청소년기보다 양육자의 죄책감을 더욱 불러일으킬 수 있어요. 언어발달은 언어자극의 양과도 맞닿아 있다고 생각하는 경우가 많습니다. 더구나 아이가 말이 늦는 경우라면 좌절감을 느끼기도 하지요. 아이에게 그림책을 읽어 주거나 장난감으로 놀이를 시도했는데도 아무

---

* 〈영유아의 미디어 이용 적정화를 위한 정책 방안 연구〉, 이정원 외(2021).

반응이 없으면 부모는 '미디어 자극을 더 좋아하는구나'라고 여기기도 합니다.

　영유아 발달 전문가들은 4~7세 시기에 습관의 중요성을 강조합니다. 올바른 습관이 형성되면 이후의 육아가 수월해질 수 있어요. 미디어 시청이 습관이 되어 아이가 원하는 건 아닌지 점검해 보세요. 습관은 양육자와 아이가 함께 다시 만들 수 있습니다. 현재 아이의 미디어 시청 시간이 많다고 해서 미리 걱정하지는 마세요. 습관은 동기와 환경이 조화를 이룬다면 얼마든지 다시 만들 수 있어요.

기질(잠재능력)에 따라
다름을 인정하기

올해 다섯 살이 된 이준이와 이서는 이란성 쌍둥이 남매입니다. 둘은 좋아하는 음식, 놀이, 생활 습관까지 다 다릅니다. 최근에는 발달에서도 차이를 보이기 시작했습니다. 단순히 성격과 취향이 다른 것을 넘어서 새로운 자극을 받아들이는 속도와 집중하는 시간도 달랐어요. 1분 일찍 나온 이준이보다 이서가 말도 빨리 트였지요. 요즘 이서는 글자에도 관심을 보입니다. 엘리베이터를 타면 이서는 광고판 안에 있는 글자를 하나둘씩 짚으며 흥미를 가지지만 이준이는 손잡이에 매달려 장난만 쳐 혼이 납니다.

또 이서는 질문하면 빨리 대답하지만, 이준이는 한참을 고민하다 대답해요. 얼마 전에는 이준이의 언어발달이 또래보다 느린 것 같아서 언어발달 검사를 받았어요. 또래보다 빠르지는 않지만 평균이라는 결과가 나왔어요. 그렇지만 지속적으로 언어자극이 필요하다고 하셨어요. 한편으로는 다행이지만, 어떻게 하면 이준이에게 쉽고 지혜롭게 언어자극을 줄 수 있을지 고민이 됩니다. 그림책을 읽는 취향도 기질도 다 다른 이 아이들을 어떻게 하면 잘 양육할 수 있을까요?

언어치료 상담실에서도 쌍둥이 자녀를 키우는 부모님들의 고민을 마주하곤 합니다. 이준이네 사례처럼 두 아이의 성격이나 학습 속도에 차이를 보이는 경우, 둘 중 한 아이의 발달에 지연이 있는 경우에는 두 아이를 양육하느라 에너지가 방전되어 육아 스트레스가 가중된 사례가 많아요. "한배에서 나왔는데도, 둘이 너무 달라요"라는 고민을 이야기하고요. 도서관에서 부모 교육을 할 때도, "두 아이 모두 발달상의 큰 이상은 없어요. 그런데 각자 좋아하는 그림책이나 읽는 스타일이 다른 아이들에게 어떤 책을 어떻게 읽어 주어야 할까요?"라는 질문을 받습니다. 형제, 자매를 둔 부모님들도 역시 같은 고민을 하는 경우도 많고요.

먼저 아이마다 다름을 이해해야 합니다. 우리는 어릴 때부터 유전자의 영향에 대해서 많이 듣고 자라왔어요. 행동의 옳고 그름을 판단할 때, '엄마를 닮아서, 아빠를 닮아서, 위의 형제를 닮아서'라는 말을 들었습니다. 아이를 임신했을 때 가장 큰 바람은 아이가 엄마와 아빠의 좋은 점만 닮는 것이지요.

    남편과 아내가 서로 다르듯, 아이들도 각자 다른 강점이 있어요. 부부 싸움의 원인을 대부분 성격 차이에 두지만, 상담 전문가들은 그 원인을 '나의 틀에 상대방을 맞추려 하기 때문'이라고 합니다. 아이를 바라볼 때도, 아이만의 개성을 존중하는 연습 과정이 부모에게 끊임없이 필요해요. 이 부분은 외동아이를 키우는 양육자에게도 쉽지 않은 과제이기도 합니다.

    우리 집만의 색을 만들어가는 것 또한 육아에 대한 부담감을 줄이는 데 도움이 됩니다. SNS 속에는 넓은 거실에 테이블을 두고 얌전하게 책을 읽는 남매 또는 형제자매의 모습이 등장합니다. 가정마다 차이가 있다는 사실을 알고 있지만, 비교하는 마음과 좌절감을 느낄 때가 많습니다. 이 마음은 한마디로 표현하기가 어려워요. 다른 가정의 틀에 맞추지 않은 '우리 집만의' 모습이 아이뿐 아니라 부모에게도 가장 편할 거예요.

    여행 가는 날, 산책하는 날, 요리하는 날 등 가족이 함께하는 시간을 마련해 보세요. '가훈'이라는 단어를 들으면 딱딱할 수 있으니, 우리 가족만의 슬로건을 정하면서 마음을 한데 모을 수도 있습니다. 한자어 또는 한 단어로 쓰였던 단어를 우리말 또는 아이의 눈높이에 맞는 말로 풀어 보세요.

우리 가족 슬로건 만들기	
화목	서로 존중하기, 예쁜 말로 이야기하기
응원	실수해도 괜찮다고 이야기하기 존재 자체로도 귀하다고 말하기
사랑	사랑한다고 자주 말하기

육아는 머리로만 이해하면 제대로 실행하기 어렵습니다. 연령에 따른 발달 지식이 도움이 되기도 하지만 때로는 아는 만큼 내 아이를 양육하지 못한 좌절감이 더 커지기도 하고요. 너무 이론에만 치우쳐서 아이를 틀에 맞추는 것도, 나와 주변의 경험에만 의존한 육아도 위험합니다. 적정선을 맞추기 가장 어려운 분야가 바로 육아니까요.

앞으로 육아 정보뿐만 아니라 나의 양육환경과 아이를 비교하는 대상이 더 많아질 거예요. 모든 육아 정보와 관계를 차단할 수는 없습니다. 자녀를 양육하는 어려움을 가까운 누군가에게 나누는 시간도 필요하지만 나를 돌보는 시간도 있어야 해요. 육아서나 유튜브를 통해 얻은 정보에도 거름망이 필요합니다. 전문가마다 의견이 조금씩 다른 영역도 있으니까요.

도서관, 육아종합지원센터, 건강가족센터 등 각 지방자치단체에서 운영하는 부모 교육 프로그램에 참여하거나 집단상담이나 개

별 상담 등 상담 프로그램을 이용해 보세요. 합리적인 비용으로 이용할 수 있어요. 또한 최근에는 온라인으로 들을 수 있는 부모 교육 프로그램과 상담 플랫폼도 늘어나고 있습니다.

무엇보다 '나를 안아 주는 시간'을 가지세요. 아이와 오랜 시간 함께하다 보면 '나'의 정체성을 잃어버리기 쉬워요. 생산적으로 무언가를 만들지 않더라도 좋은 것을 보고, 듣고, 집중하면서 나를 다독일 수 있는 시간을 만들어 주세요. 마음의 여유가 조금이라도 더 생기면 아이의 발달 과정을 한 발짝 더 떨어져서 살펴볼 수 있습니다.

언어발달이 '느린' 아이란?

육아 커뮤니티에서 '언어발달' 또는 '언어치료'를 검색하면 언어치료실 방문을 고민하는 글을 쉽게 찾을 수 있습니다. 댓글의 내용을 살펴보면 '36개월까지 우선 기다려 보세요' vs '빨리 가 보세요' 이렇게 두 가지의 의견으로 대립하기도 합니다. 언어치료실 방문은 이전보다는 문턱이 낮아졌지만, 여전히 망설이는 분이 많습니다. 36개월이라는 시기에 대한 고민 이외에도 '병원에서 검사를 받아 볼까?', '비용이 많이 나오지는 않을까?', '언어치료를 계속 받아야 한다면 어떻게 하지?'와 같은 걱정 때문입니다.

'말 늦은 아이'의 기준은* 연구자마다 약간의 차이가 있지만 대체로 1) 18~36개월 사이의 아동으로 2) 청력, 인지, 그 외에 뇌신

경과 같은 발달상의 결함이 없으며 3) 18~23개월의 경우, 표현하는 어휘가 10개 미만으로 산출되며, 4) 2~3세의 경우, 표현하는 어휘가 50개 미만이거나 두 낱말 조합이 산출되지 않는 사례를 말합니다. 표준화된 언어발달 검사에서 또래 수준의 10% 미만에 속합니다.

다음 체크 리스트는 가정에서 간단하게 실시할 수 있는 언어발달 점검 목록입니다. 공식 검사는 아니지만, 아이의 언어발달 과정을 살펴볼 수 있어요. 아이의 해당 개월 수가 지났을 때, '아니오'에 표시된 비중이 더 높다면, 전문가를 찾기를 권합니다. 전문가가 직접 아이를 관찰하고, 함께 상호작용을 하는 시간을 통해 더욱 면밀한 언어발달 평가가 가능합니다.

아이의 현재 언어발달 정도를 평가받는 것에 대한 두려움이 앞설 수 있습니다. '내가 자극을 많이 주지 않았기 때문에'라는 죄책감이 들 수도 있고요. 취학 전 시기에 언어발달 평가를 받는 시간은 단지 아이의 현재 언어발달 정도에 대한 수치적인 정보를 얻기 위해서가 아닙니다. 아이의 언어발달 상황을 살펴보면서 동시에 가정에서의 언어발달 촉진 방법에 대한 조언을 들을 수 있습니다.

---

* 심혜림·하승희(2014). 18~30개월 말 늦은 아동과 일반 아동의 음운 발달 비교, Communication Sci ences & Disorders, 19(1), 99-112.

36~48개월

수용언어

	다음 항목을 편안한 마음으로 체크해 보세요.	예	아니오
1	과거, 현재, 미래 시제를 의미하는 문장을 이해해요. '언제'라는 의문사에 적절하게 답할 수 있어요. 예) '먹었어', '먹고 있어', '먹을 거야'의 의미를 이해해요.		
2	사물의 기능과 관련 어휘를 이해해요.		
3	사물의 상태를 나타내는 다양한 어휘를 이해해요. 예) 반대말, 위치를 나타내는 말, 꾸며주는 말 등		
4	2~3단계의 지시를 따를 수 있어요. 예) "상자에 넣어서 가지고 와."의 의미를 이해해요.		
5	1,200~2,000개의 어휘를 이해해요.		
6	'원인-결과'에 관심을 보이고, 질문을 이해해요.		

표현언어

	다음 항목을 편안한 마음으로 체크해 보세요.	예	아니오
1	과거의 경험, 미래의 계획을 이야기해요. 예) "어린이집에서 뭐 먹었어?", "이제 어디 갈 거야?"와 같은 질문에 적절하게 답하는 빈도가 늘어요.		
2	한 문장 안에 포함되는 단어의 수가 점점 늘어요.		
3	800~1,500개의 어휘를 표현할 수 있어요. 매일 새로운 어휘를 말한다고 느껴져요.		
4	아이의 말을 70~80% 이해할 수 있어요.		
5	'왜?, 어떻게'라고 질문하는 경우가 많아지고 스스로 문제를 해결하려고 노력합니다.		

49~60개월

수용언어

	다음 항목을 편안한 마음으로 체크해 보세요.	예	아니오
1	또래와 함께 있을 때도 간단한 지시를 이해해요.		
2	어른의 짧은 이야기에 주의를 기울이고 집중하는 시간이 점점 늘어나요.		
3	사건의 순서(인과 관계, 시간 개념)를 이해해요.		
4	사건의 원인과 결과를 이해해요.		
5	집단 안에서의 규칙과 하면 안 되는 행동에 대해 이해해요.		
6	대화할 때 상황과 상대방의 감정을 이해해요.		

표현언어

	다음 항목을 편안한 마음으로 체크해 보세요.	예	아니오
1	표현하는 어휘의 수가 나날이 늘어요.		
2	의문사 '왜, 어떻게'를 사용해 질문할 수 있어요.		
3	아이의 말을 90% 이상 이해할 수 있어요.		
4	문법 형태소의 오류가 점점 줄어들고, 문장이 다듬어져요.		
5	아이와 대화를 나눌 때, 문장의 길이가 길어졌어요. 그리고 문장과 문장을 연결하는 장치를 사용해요. 예) '~고, ~서, ~면서' 등의 연결어미를 자연스럽게 사용해요.		
6	알고 있는 이야기를 상대방이 이해할 수 있도록 전달해요. 예) 문장의 내용, 구성, 사건의 흐름 등		

언어발달 상담을 받기 전이라면, 가정에서 아이와 함께 무엇을 할 수 있을까요? 무엇보다 '상호작용의 즐거움을 경험'하는 것이 중요해요. 물론 말할 수 있는 단어의 수를 늘리고 문장의 길이를 늘리는 것도 필요합니다. 그럼에도 상호작용을 가장 먼저 강조한 이유가 있습니다. 취학 전의 언어발달은 상호작용이 핵심이기 때문입니다.

"아이와의 대화가 어려워요. 제 질문에 대답하지 못하는 걸 보면 답답하기도 하고… 상호작용이 중요하다고는 하는데, 아이에게 질문만 하게 됩니다. 이런 상황이 반복되니까 아이가 저랑 대화하는 걸 거부하더라고요."

상호작용의 중요성을 강조할 때마다 마주하는 고민입니다. 아이가 부모의 말에 주의를 기울이고, 흥미를 일으켜 상호작용을 할 수 있도록 도와주어야 합니다. 무엇보다 육아 커뮤니티 안에서는 필요한 정보는 얻되 내 아이와 비교하지 마세요. 아이의 성향, 발달 속도, 말이 트이는 시기, 그리고 가정환경이 다 다르기 때문이에요. 부모는 아이가 기댈 수 있는 존재가 되어야 합니다. 특히 4~7세 시기에 가정 안에서 든든하게 지지받고 있다는 경험은 아이가 건강하게 성장할 수 있는 단단한 뿌리가 되어 줄 거예요.

배움의 속도에 연연하지 않기

　이 책의 주인공은 '느린 아이'입니다. 팬데믹을 기점으로 우리 사회에 '느린 학습자'라는 단어가 많이 알려졌어요. 이 책에서 말하는 느린 아이란 느린 학습자와 비슷한 의미로, 자신만의 속도대로 배우고 성장하는 아이를 의미합니다. 아이들은 모두 발달을 이뤄 갈 수 있는 잠재능력이 있습니다. 부모의 지지가 아이의 잠재능력을 꽃피우는 동력임을 잊지 마세요.

　양육자 중에는 공식적인 언어발달 검사를 통하여 아이의 현재 언어 수준을 파악한 경우도 있고, 아직은 부모의 짐작만으로 아이의 언어발달 정도를 예측하는 경우도 있을 거예요. 언어발달이 빠른지 아니면 느린지를 말하기 위해서는 아이를 둘러싼 여러 요소를 함께 고려해야 합니다.

취학 전 시기 아이의 잠재능력이 각각 다르고, 배움의 속도 또한 다릅니다. 외부로부터 오는 자극을 받아들이는 모습에서도 다 차이가 있습니다. 자극에 주의를 지속하는 시간, 자극에 반응을 보이는 시간, 자극에 대한 적절한 반응 여부가 다를 수 있지요.

현재 언어치료, 놀이치료, 인지치료, 감각통합 치료 등을 받고 있나요? 주 1~2회, 또는 3~4회씩 아이와 함께 발달센터를 오가는 여정은 결코 쉽지 않습니다. 날씨, 그날의 아이와 부모의 컨디션, 그 외에 주어진 상황에 따라 마음속에 좌절감과 기대감이 뒤섞이기도 하고요.

이러한 여정을 거치면서 좌절하는 마음을 갖지 않기를 바랍니다. '우리 아이는 느리기 때문에 반복해서 말해야 해', '우리 아이는 느리기 때문에 즉각적인 반응을 보이지 않아', '우리 아이는 느리기 때문에…' 라는 전제가 마음에 자리 잡을수록, 아이의 잠재능력이 보이지 않을 가능성이 커집니다. 아이마다 배움의 속도와 방식이 다름을 이해해야 합니다.

어쩌면 느린 아이라는 단어가 추상적인 언어로 받아들여질 수도 있습니다. 어느 정도가 '느리다'에 해당하는지 궁금한 마음이 생길 수도 있고요. 15년 동안 언어치료 현장에서 마주한 아이들은 저마다의 속도가 달랐고, 성장한 이후에 맺는 열매의 모습도 달랐습니다. 그리고 아이를 지지해 주었던 가정의 따스한 울타리가 결코 헛되지 않음을 더 확신하게 되었습니다.

아이의 있는 모습 그대로를 인정하고 아이의 배움의 속도에 따라 아이를 돕는 지지자가 되어 주세요. 저도 부모이기에 이러한 메시지가 가장 어렵다는 것을 알고 있습니다. 그럼에도 4~7세 시기에 아이에게 부모는 세상의 전부입니다. 부모의 말은 아이가 매일 먹는 영양 가득한 밥과 같아요.

아이가 잡곡밥을 먹는 것을 힘들어한다면 흰쌀밥을 짓습니다. 천천히 소화시키며 먹을 수 있도록 격려하고, 아이 스스로 잡곡밥을 다 먹었을 때 칭찬을 아끼지 않지요. 이처럼 느리게, 천천히 배우는 아이가 부모의 말을 천천히 소화할 수 있도록 함께하세요. 맛을 더하고 싶다면 이후에 살펴볼 말놀이가 매우 유용한 도구가 될 거예요.

느린 아이의
부모 역할

　육아 정보는 아이를 알 수 있는 좋은 도구가 되기도 하지만 과도하면 자칫 부담이 될 수 있습니다. 저를 찾는 부모님들은 수많은 체크 리스트를 점검해 보고, 여러 발달 관련 키워드를 검색해 보고 오시는 경우가 대부분입니다. 시간이 지날수록 뭔가 더 해 주지 못한 부분에 대한 죄책감도 많으시고요.

　저 또한 양육자에게 조언할 때 '무언가를 더 해야만 하는' 체크 리스트 항목만 늘어나는 게 않을까 고민이 되었어요. 각자의 상황에 따라 체크 리스트를 점검하는 자체가 불가능하고 부담스러울 수도 있기 때문이지요.

　느린 아이들의 언어발달을 위해 부모는 제일 중요한 역할과 책

임을 맡습니다. 아이의 언어 모델은 부모며, 부모는 일상에서 언어적 환경을 제공하기 때문입니다. 부모의 긍정적인 상호작용과 효과적인 소통 전략이 바로 아이의 언어발달을 돕는 주요 요소입니다. 아이의 언어발달을 위해서뿐만 아니라 양육 과정에서도 다음의 방법을 활용해 보세요. 매일 성공적으로 수행하지 않더라도 괜찮습니다. 언어발달 전문가인 저 또한 어떤 날은 아이에게 언어자극을 주기도 하고 어떤 날은 아이 말에 반응할 에너지가 하나도 남아 있지 않은 날도 있어요. 아이와 차근차근 대화의 물꼬를 터 보세요.

질문보다는 대화하기

첫째, '이름을 부르면 반응하기'입니다. 아이를 불렀을 때 즉각적으로 반응하는지 살펴보세요. 둘째, 양육자가 관심을 보이는 것에 함께 주의를 기울이세요. 셋째, '네/아니오'로 대답을 유도해 보세요. 아이가 평소에 잘 알고 있는 지식 범위 안에서 상호작용을 시작한다면 부모도 아이도 부담 없이 시도할 수 있어요. 아이의 지식을 확인하는 질문 대신, 아이에게 짧은 문장을 들려주세요. 빨간 꽃을 보면서 이렇게 이야기해 보세요.

("이게 뭐야? 무슨 색이지?"와 같은 질문 대신) "빨간 꽃이네. 빨간 꽃이 활짝 피었네." ⇨ (아이의 반응 확인하기) ⇨ (간단한 문장으로 말하기) "향기가 정말 좋다. 이건 장미꽃이야."

아이가 알고 있는 것을 확인하기 이전에 아이가 다양한 표현을 들을 수 있는 기회를 만들어 주세요. 대화의 첫 시작은 눈맞춤입니다. 의도를 갖고 유도하기보다는 부모가 먼저 아이의 얼굴을 바라보며 말해요. 나긋하고 부드럽게 아이의 이름을 부르며 상호작용을 시작해 보세요!

말과 함께 제스처와 몸짓 사용하기

노래는 아이의 시선을 끄는 데 효율적인 도구입니다. 음질이 좋은 스피커, 화려한 영상이나 음원도 좋지만 되도록 부모의 목소리로 들려주세요. '음치'라도 괜찮습니다. 아이는 노래를 잘 부르는 엄마, 아빠보다 자신과 눈을 마주하는 데 더욱 반응할 거예요.

노래를 듣거나 부를 때 율동도 함께해요. 화려하고 예쁜 율동이 아니라도 괜찮습니다. 가사를 몸짓으로 표현하면 아이는 쉽게 몰입할 수 있어요. 부모가 관객이 되어 아이의 율동을 지켜본다면 아이는 더 재밌게 놀 수 있습니다.

말과 함께 제스처도 함께 사용합니다. 원하는 물건을 가리킬 때, 상대방에게 인사할 때, 친숙한 동물(토끼, 코끼리, 사자, 지렁이 등)이나 사물(컵, 책, 옷 등), 동사(마시는 것, 보는 것, 입는 것 등)를 몸짓으로 함께 표현할 수 있어요. 제스처는 효율적인 상호작용 도구가 될 수 있습니다.

"(농부가 씨를 뿌리는 그림 카드를 보여 주며) 이게 뭐야? 누구일까? 뭐 하고 있어?" ⇨ (질문 대신 동작과 함께 동요 부르기) 씨, 씨, 씨를 뿌리고~ 꼭꼭 물을 주었죠."

도구를 활용해요

그림책

그림책은 주제에 따라 아이에게 들려줄 수 있는 말이 담긴 대본입니다. 4~7세는 사물의 이름을 알고 있는 것을 넘어서 다양한 표현을 배우는 시기예요. 아이들은 그림책을 통해 자연스럽게 다양한 어휘와 문장 표현을 접해요. 부모가 곁에서 그림책을 읽어 주면 더욱 재미있고 생생한 어휘 교실이 만들어지지요. 감정을 표현하는 어휘도 함께 배울 수 있습니다. 감정 카드가 유용한 도구가 될 거예요. '기쁘다, 슬프다, 화가 나다, 무섭다'와 같은 감정 어휘와 함께 등장인물의 상황을 살펴볼 수 있지요. 등장인물의 감정을 함께 예측하고 공감하는 시간을 갖는다면, 감정을 표현하는 말의 터전을 더욱 단단하게 다질 수 있습니다.

무엇보다 그림책은 아이와 부모가 상호작용을 할 수 있는 튼튼한 다리가 되어 줍니다. 아이에게 그림책을 읽어 주는 모습을 상상해 보세요. 아이가 그림책을 읽어 주는 부모를 마주 보거나 부모의 무릎 위에 앉는 자세로 읽습니다. 의사소통을 위한 눈맞춤, 대화 주고받기가 자연스레 이루어질 수 있어요.

많은 책을 읽는 것보다 더 중요한 가치는 아이와 부모가 주고받는 상호작용의 '질'과 '즐거움'이에요. 그림책을 통해 배경지식을 확장시킬 수 있음은 분명하지만, 본질은 아이와의 상호작용임을 잊지 마세요. 아이가 책을 읽는 시간에 대한 호감도를 높일 수 있도록 이끌어 주세요.

장난감

장난감 수가 많아야 다양한 언어자극이 이뤄지는 건 아닙니다. 수는 중요하지 않아요. 새 장난감에 아이가 호기심을 보일 수는 있지만 금세 지루해할 수도 있습니다. 오히려 적은 개수의 장난감을 확장해서 노는 방법을 익힌다면, 더 효율적인 상호작용 도구가 될 수 있어요.

아이가 장난감을 선택하게 하고 놀이를 시작합니다. 아이가 선택한 놀잇감으로 하루 10분 ⇨ 15분 ⇨ 20분씩 함께 집중하는 시간을 점점 늘리세요. 그리고 함께 놀면서 대화를 주고받습니다.

반복해서 들려주기

반복은 언어자극을 주기 위한 필수 요소입니다. '아이의 언어발달이 또래보다 늦기 때문에' 반복이 필요한 것이 아닙니다. 새로운 언어를 배우고 이를 일상에서 반복하는 것은 누구에게나 필요해요. 그림책을 읽으며 보았던 단어, 바깥 풍경을 표현하는 단어, 기관에서 배운 단어를 자주 들려주세요. 수고로울 수도 있지만 반복을 통해 아이는 자신만의 어휘집을 크게 키울 수 있습니다. 조금만 실천해 보면 반복의 힘을 실감할 수 있을 거예요.

느린 아이를 위한
슬기로운 미디어 생활

영상을 보는 것 자체가 아이에게 해가 되는 것은 아닙니다. 이제는 미디어를 무조건 금지하기보다 '슬기롭게 활용'하는 데 더 초점을 두어야 합니다. 디지털 기기에 대한 전문가들의 의견은 서로 다르지만 원칙은 간단합니다. 미디어 시청 시간을 정하고, 함께 보고, 함께 이야기를 나누는 거예요. 느린 아이에게는 더더욱 그 규칙이 중요합니다.

영상보다 엄마와 아빠의 '말소리'에 초점을 두고 일상을 함께하세요. 아이가 익숙하기도 하고 즐거워서 더욱 몰입할 수도 있습니다. 미디어보다 말소리를 듣는 시간을 늘리는 과정이 처음에는 낯설 수 있어요. 미디어를 보여 주는 게 양육자에게는 편할 수도 있습니다. 하지만 미디어는 일방적이라는 것을 기억하세요. 아이에게 '말을 걸어 주고, 아이가 바라보는 것에 함께 반응해 주고, 아이를 안아줄 수 있는' 존재는 미디어가 아닌 엄마와 아빠, 그리고 부모의 말소리입니다.

시청 시간 정하기

미디어를 볼 때 긴 바늘이 어느 숫자에 갈 때까지 볼 것인지 아이와 규칙을 정해요. 숫자 읽기가 어렵다면, 색깔이 있는 스티커를 숫자 부분에 붙입니다. "오늘은 긴 바늘이 12에 갈 때까지만 보자! 어때?" 또는 "오늘은 긴 바늘이 빨간색 동그라미에 올 때까지만 보자." 하고 규칙을 정하세요.

미디어를 단번에 차단하는 것보다 조금씩 줄이는 게 좋아요. 평소 미디어를 시청하는 시간이 많거나 의존도가 높았을 경우, 갑자기 미디어가 없어지면 당황할 수 있어요. 평소 시청 시간이 2시간 정도였다면 아침에 30분, 저녁에 30분씩 나누어서 시청해요.

아이가 미디어를 보지 않을 때는 부모가 아이에게 집중합니다. 미디어는 어떠한 자극이 일방적으로 아이에게 주어지기 때문에 더 재밌고 짜릿하게 느껴져요. 그 순간의 몰입이 중독으로 이어지기도 합니다. 미디어가 들려주는 다채로운 소리가 아니더라도 '엄마와 아빠는 항상 나의 이야기에 귀를 기울이고 있어'라고 생각하는 경험이 쌓일 수 있도록 해 주세요.

시청 후 대화 나누기

미디어에서 나왔던 노래를 함께 불러 보세요. 미디어를 시청하거나 차로 이동할 때, 산책할 때 등 언제든 함께요. 거실에서 율동과 함께 따라 부르면 아이는 부모와의 교감을 더욱 즐겁게 느낄 수 있어요. '함께'에 초점을 두는 것이 중요합니다.

줄거리와 메시지가 담긴 동화를 시청했다면 '누가, 언제, 무엇을, 어떻게 문제를 해결했는지'에 대한 이야기를 나누어 보세요. 등장인물이 느꼈던 감정 또한 함께 생각해 봅니다. 아이가 영상을 시청한 이후에 이야기를 나누면 더욱 대화에 집중할 수 있습니다.

"어떤 내용이었어?"라는 질문에 아이가 답하기 힘들어하면 부모가 먼저 내용을 간단히 정리해 주세요. 주인공이 어떤 문제 상황을 겪었고 어떻게 해결했는지, 주인공과 주변 인물의 감정에 대해 간단히 이야기도 들려줍니다. '우리는 네가 본 이야기에 관심을 갖고 있어'라는 메시지를 전하는 거지요.

학습용 미디어에서 보았던 한글이나 영어가 있다면 아이와 함께 직접 써 보세요. 정확하게 쓰지 못해도 괜찮습니다. '가지'라는 단어를 배웠다면, 아이의 스케치북에 '가'를 크게 쓴 후, 글자 색칠하기, '가'로 시작하는 단어를 그림으로 그리기, '가, 가, 가 자로 시작하는 말~'과 같은 노래를 부르는 활동으로 이어 갈 수 있어요. 이러한 과정을 통해 영상으로 마주했던 한글을 아이의 것으로 만들 수 있습니다. 기억해야 할 것은 언어자극입니다. 언어자극에는 교감을 나누는 말, 놀이, 오가는 대화가 좋습니다.

미디어 대체물 찾기

취학 전은 아이의 언어발달뿐만 아니라 대근육과 감각 발달에도 중요한 시기예요. 자연 안에서 마음껏 뛰고, 만져 보고, 냄새를 맡아 볼 수 있는 시간이 필요합니다.

아이와 함께 한 가지 활동에 몰입해 보세요. 블록 쌓기, 만들기, 그리기 등의 활동은 가정에서도 쉽게 할 수 있습니다. 먼저 아이가 선택한 활동부터 시작합니다. 이때 TV나 그 외 영상은 끄세요. 서로의 목소리를 들으면서 함께 블록을 만들고 그림을 그리고 만들기에 집중합니다.

부모의 목소리로 책을 읽어 주세요. 이솝우화나 전래동화 속 등장인물의 목소리를 흉내 내며 읽으면 아이들이 더욱 흥미를 가질 수 있습니다. 등장인물에 따라 역할을 나누어 읽어 보세요. 할아버지나 호랑이는 아빠가, 할머니나 토끼는 엄마가 읽는다면 아이가 더욱 몰입할 수 있습니다. 아이의 주의력도 조금씩 나아질 수 있어요.

치료 기관
선택 기준

 부모는 아이의 언어발달에 대한 고민의 시작과 함께 '불안'과 마주하게 됩니다. '괜찮을 거야. 아빠도 말이 느렸대'라고 위안하다가 갑작스럽게 찾아오는 불안감에 이런저런 정보를 찾아보기도 하지요. 머릿속으로는 아이마다 발달 속도가 다 다르다는 것을 잘 알고 있지만, 온라인 커뮤니티에 등장하는 수많은 사례 속에 아이를 대입시켜 봅니다.
 언어치료가 이전보다는 많이 알려졌다고 하지만, 직접 언어발달 검사를 받으러 가는 것은 쉽지 않아요. 주변의 시선을 의식하는 마음, 두려움, 무기력감 등의 감정이 동시에 밀려옵니다.
 단순히 언어발달만 또래보다 늦는 것 같다면, 집에서 가까운

거리의 기관(사설 치료실, 복지관, 병원부설 치료실 등)에서 언어발달 검사를 해 보세요. 언어발달 검사와 함께 기관에서 진행되는 치료 영역에 따라 다른 전문가들의 검사도 할 수 있어요(예: 심리, 놀이, 감각통합, 운동 등). 병원 소속 치료실의 경우, 아이의 발달 상황에 대한 담당 의사 선생님의 소견을 들을 수 있습니다.

비용이 부담된다면 지역마다 적용되는 '바우처 서비스'를 이용할 수 있습니다. 바우처 신청에 대한 자세한 절차와 필요한 서류는 해당 지역의 주민센터에서 안내받을 수 있어요. 치료 기관 방문 전, 전화 상담 또는 홈페이지를 통해 바우처 가능 여부도 알 수 있습니다.

치료 기관을 선택하기 전

검사를 진행한 전문가가 치료가 가능하다면 아이와 쉽게 라포(Rapport, 프랑스어로 '다리를 놓다'라는 뜻의 심리학 용어로 상담자와 내담자 사이의 신뢰 관계를 이름)를 형성할 가능성이 높습니다. 아이에게도 검사를 진행한 공간과 검사자(치료사와 동일할 경우)가 익숙할 수 있지요. 상황에 따라 발달 검사는 병원에서 받은 후, 치료는 집 근처의 기관에서 받는 경우도 있습니다. 집과의 거리, 아이의 어린이집

하원 시간, 비용, 그 외의 환경적인 요소를 고려하여 치료 기관을 정할 수 있습니다.

요즘은 전문가에 대한 정보를 온라인에서 쉽게 얻을 수 있습니다. 양육자 간에 좋은 치료사 선생님을 추천하기도 하지요. 기관의 이용 후기, 전문가의 프로필, 비용 등을 고려하여 첫 치료 기관을 선택합니다. 치료 기관을 처음 이용하는 입장에서는 작은 정보도 큰 힘이 될 수 있어요.

추천받은 기관을 방문할 때는 다른 아이와 잘 맞는 치료사의 수업이라고 해도 내 아이와는 완전히 맞지 않을 수도 있다는 점을 기억해 주세요. 아이마다 발달 속도가 다르듯이, 치료 기관에 적응하는 속도와 선호하는 수업 스타일이 다를 수 있습니다. 아이와 부모님, 치료사 모두에게 서로 적응할 시간이 필요하지요.

아이가 여러 치료를 병행하는 경우, 한 기관에서 서비스를 이용하면 전문가 간의 연계가 수월해요. 아이에 대한 정보를 공유하고, 각자 전문 영역에서 필요한 중재 방법에 대해 논의할 수 있기 때문입니다. 이외에도 전문가의 경력은 어느 정도인지, 아이의 가능성과 잠재능력을 어떻게 바라보는지, 기관 시설의 이용이 편리한지 등을 살펴보세요.

	치료 시작 전 점검 사항
	다음 항목을 편안한 마음으로 체크해 보세요.
1	이동하는 데 적당한가요? 예) 자가용, 도보, 대중교통
2	충분히 소화할 수 있는 일정인가요? 예) 치료 횟수, 가정에서의 휴식 시간, 유치원이나 어린이집 일정 등
3	경제적 부담을 줄일 방법이 있나요? 예) 바우처 사용 가능 여부, 보험 청구 가능 여부, 지원 서비스가능 유무 등
4	치료 기관의 분위기가 편안한가요? 예) 주위 환경, 치료실 교구의 위생 관리 등
5	치료 시작 전, 담당 선생님이 아이를 이해하고자 노력하시나요? 예) 아이를 대하는 태도, 전문가로서의 자격 등

기관을 다니고 있을 경우

기관을 다니고 있다면 전문가를 신뢰하는 마음이 중요합니다. 아이와의 시간을 위해 치료사는 많은 자료와 전문 서적을 읽고 연구합니다. 아이가 무엇을 좋아하는지 파악하고, 아이와의 상호작용을 어떻게 최대한으로 이끌어 낼지 고민합니다. 양육자가 치료사에 대한 신뢰를 표현한다면 더 힘을 얻어 긍정적인 에너지를 쏟을 수 있어요.

치료 시간 40분도 소중하지만, 일상에서의 복습도 더욱 중요합니다. 아이의 주 생활 무대는 가정과 재원 중인 기관이기 때문이에요. 부모 상담 시간에 배운 언어자극 방법을 아이에게 꾸준히 적용해 주세요. 예를 들어 '아이에게 천천히, 부드럽게 말하기, 정확한 발음으로 전달하기, 아이의 행동 읽어 주기' 등의 방법을 바로 적용하기는 어려울 거예요. 전문가에게 배운 방법을 매일, 매주, 매월 적용한다는 마음으로 시작해 보세요. 더욱 쉽게 가정에서 실천할 수 있습니다.

전문가의 치료 방법이나 부모 상담 때의 코멘트에 의문이 생기면 전문가에게 구체적으로, 자세하게 물어보세요. '내 질문에 선생님이 무례하다고 느끼면 어떡하지?'와 같은 고민이 커지면 때로는 오해가 생길 수도 있습니다. 인터넷 커뮤니티에서 접한 정보를 맹신하지 마세요. 아이들마다 다 다르므로 직접 전문가에게 묻기를 권합니다.

또한 과제를 가정에서 매일 실천하지 못한 것에 대한 죄책감은 갖지 마세요. 오늘 과제를 함께하지 못했다면, 내일부터 다시 시작해 보세요. 아이와 부모의 컨디션에 따라 과제의 양을 적절히 조절하는 지혜가 필요합니다.

수업을 종결했을 경우

아이의 공식 검사 결과와 치료 시 관찰된 모습을 통해서 전문가는 종결을 결정하게 됩니다. 이때 가능하다면 타 영역 전문가의 의견과 함께 가정에서 언어자극을 지속할 수 있는지, 아이의 기관 생활 중 어려움은 없는지 등을 종합적으로 살펴봅니다.

치료 종결 6개월 이후에는 '팔로업(follow-up)' 검사를 권합니다. 어휘력뿐만 아니라 발음, 유창성(말더듬), 기관 생활 등을 살펴볼 수 있어요. 아이가 초등학교 입학을 앞두고 있다면 전문가는 초등학교에 적응하기 위한 팁을 안내해 줍니다. 발음 치료를 받았던 경우라면 한글 학습에 대한 기반을 살펴볼 수도 있지요.

치료가 종결되었더라도 아이의 발달 과정을 유심히 살펴볼 필요가 있습니다. 과도하게 아이의 발달 정도를 체크하기보다는 일상에서 꾸준한 자극을 주는 것이 더 중요합니다.

느린 아이의
사회성

　양육자들이 많이 고민하는 영역 중 하나가 바로 아이의 사회성입니다. 가정에서는 눈에 띄는 발달 이슈가 없었는데, 어린이집이나 유치원 선생님으로부터 예상치 못한 피드백을 받기도 하지요. 놀이터나 기관에서 아이가 또래들과 잘 어울리지 못하는 모습을 지켜볼 때는 밤잠까지 설칠 정도로 속상합니다.

　치료실 안에서 또래 관계에 어려움을 보이는 아이들의 사례를 살펴보면 '발음이 부정확해서', '말하는 속도가 지나치게 느리거나/빠라서', '자기 말만 하고 친구 이야기는 잘 듣지 않아서', '규칙을 지키는 걸 힘들어해서' 등의 이유가 있습니다.

　사회성은 유아기를 지나 학령기, 청소년기, 성인기에도 지속적으로 배워야 하는 영역이에요. 느린 아이의 사회성은 계단식으로 성장하는 듯한 느낌이 듭니다. 성장하는 듯하다가 어느 순간에 정체기가 오고 다시 성장하는 모습을 보이기 때문이지요. 사회성 영역에서도 가정 안에서의 대화 모델링, 부모의 지지와 격려가 중요합니다. 또래 관계에서의 답답한 마음을 읽어 주고 친절하게 소통의 방법을 안내하는 부모의 역할이 중요하지요.

의사소통 기술을 한꺼번에 많이 전달하려고 하면 아이도 소화시키기 힘들고 양육자도 쉽게 지칠 수 있어요. 아이가 이해할 수 있는 상황 안에서 조금씩, 꾸준히 가르쳐 주세요. 단번에 소통하는 기술을 습득하기 어려울 수 있지만, 아이는 자신의 속도대로 의사소통 방법을 배우고 있답니다.

아이 입장에서 친절하게 설명하기

사회적인 규칙을 이해하고, 상황에 따라 대화하는 법을 이해하는 게 힘들 수도 있습니다. 특히 느린 아이는 어른이 설명하는 상황을 머릿속에 떠올리는 데 조금 시간이 필요해요. 아이가 경험하지 못한 상황을 상상하는 게 힘들기 때문이지요. 그럴 때 "친구를 놀리는 말을 하면 될까, 안 될까?"와 같은 질문은 아이에게 더더욱 추상적으로 느껴질 가능성이 높아요.

아이가 자주 마주할 법한 상황에서 친구와 어떻게 대화해야 하는지를 구체적으로 설명해 주세요. 친구를 만났을 때 인사법, 친구의 이름을 부르는 방법, 실수로 친구의 발을 밟았을 때 사과하는 방법 등에 대하여 알려 주세요. 피규어를 사용하거나 관련 상황이 그려진 그림을 보면, 실제 상황을 이해하고 적용하는 데 도움이 됩니다.

역할놀이

역할놀이는 사회성 수업 도구입니다. "친구에게 ○○라고 말하면 안 되는 거야."라는 설명보다는 역할놀이가 더 효과적입니다. 역할놀이를 하면서 간접적으로 경험하며 다양한 표현을 배울 수 있거든요. 아이가 몰입하는 시간도 길어지고 사회적인 표현도 더 쉽게 배울 수 있어요.

앞서 살펴보았던 일상에서의 대화, 역할놀이를 포함한 다양한 놀이, 책 읽기를 위한 상호작용을 해 보세요. 10~15분 정도의 시간을 가지면서 시작합니다. 처음부터 30분 이상은 하지 않아도 괜찮아요. 1회에 긴 시간을 하는 것보다는 최대한 자주 상호작용하는 시간을 갖는 편이 좋습니다. 상황에 따른 대화법에 유용한 역할놀이로는 어린이집/유치원에서의 놀이, 마트 놀이, 병원 놀이, 친구를 집에 초대하는 놀이, 생일파티 놀이 등이 있습니다.

감정 표현하는 말 배우기

감정을 표현하는 말은 스스로 익히기 힘들어요. 가정 안에서 많이 듣고 사용해 봐야 합니다. 36개월 이전의 아이는 '좋다, 기쁘다, 슬프다, 화가 난다' 정도의 감정을 느낄 수 있는 데 비해, 4~7세의 아이는 더 많은 감정을 느끼고 표현할 수 있어요. 느린 아이도 감정을 구체적으로 표현하기에는 어려움이 있지만, 상황에 따른 다양한 감정을 느끼고 있습니다.

감정을 표현하는 말을 배우면 가족뿐만 아니라 친구들과도 매끄러운 소통을 이어 갈 수 있어요. 감정 카드와 감정 그림책을 활용해서 감정 어휘를 알려 주는 것 또한 도움이 됩니다. 역할놀이할 때도 내 감정을 자연스럽게 전달할 수 있지요.

카드와 같은 도구를 활용하는 방법도 좋지만 실제로 효과적인 방법 중 하나는 가족 간의 대화 안에 감정 어휘를 넣는 거예요. "엄마는 ○○랑 산책해서 정말 재밌었어.", "내일 ○○랑 함께하는 여행이 설레.", "갑자기 비가 와서 아쉽네.", "○○가 아빠 말을 듣지 않아서 아빠가 속상했어."와 같이 아이에게 감정을 표현하는 말을 들려주세요.

　부부간의 감정 표현 또한 아이에게 좋은 본보기가 됩니다. 물론 매 순간 좋은 말과 감정이 오갈 수는 없지요. 하지만 하루를 시작하고 마무리할 때, 격려의 말과 서로에게 수고의 메시지도 함께 전해 주세요. 아이에게 좋은 감정 교과서가 될 거예요.

마음숲 가꾸기

아이를 키우면 하루에도 몇 번씩 부모 마음이 천국과 지옥을 왔다갔다 합니다. 아이가 미열만 있어도 부모는 하루 종일 기분이 축 늘어지기도 하지요. 아이의 언어발달이 또래보다 늦다고 생각되었을 때는 더욱 마음 돌보기가 어렵습니다.

흔히 아이의 발달을 식물에 비유합니다. 식물은 물을 주고, 거름을 줄 때마다 조금씩 성장합니다. 눈에 띄게 보이지 않더라도 어느 순간 꽃을 피우거나 열매를 맺기도 하고요. 아이의 언어능력 또한 조금씩 성장하고 있습니다.

아이가 자라는 동안 양육자의 마음도 살펴주세요. 외부의 시선, 자책, 환경 때문에 아이를 원망하는 마음이 들 수도 있습니다.

이처럼 다양한 감정을 느낄 수 있음을 받아들이면서 부모인 나도 마음 돌보는 시간을 갖기 권합니다. 무엇보다 함께하는 전문가가 있다면 신뢰해 주세요. 양육자의 부담감을 나누고, 언어자극을 보다 쉽게 전달할 수 있는 방법을 함께 고민해 줄 거예요.

전문가와 함께 아이 발달 점검하기

온라인에 각종 육아 정보가 많아지면서, 각 영역의 발달 정도를 살펴볼 수 있는 간단한 체크 리스트를 어렵지 않게 구할 수 있습니다. 실제 발달센터에서도 아이가 어린 경우에는 부모의 응답으로 발달을 점검하기도 합니다. 그중에서도 제일 중요한 과정은 전문가와의 대면 만남입니다.

아이의 언어발달을 보다 정밀하게 점검하기 위해서는 부모 보고형 체크 리스트 이외에도 아이의 놀이, 부모와의 상호작용, 일상 대화를 하는 모습을 관찰하는 시간이 반드시 필요합니다. 물론 아이의 언어발달 수준이 또래보다 늦다는 것이 아직 확실하지 않은 상황에서 치료실에 방문하는 과정은 순탄하지만은 않습니다. 적절한 검사 기관을 검색하고, 상담 일정을 잡고, 하루 전부터는 아이의 컨디션 조절을 해야 하지요. 그럼에도 대면 검사를 권하는 이유는 훨씬 정확하고 면밀하게 발달 상황을 살펴볼 수 있기 때문입니다.

'언어발달이 느리다'는 결과가 나왔다면 언어치료를 하고, '또래보다 약간 늦다'는 결과가 나왔다면 6개월 주기로 팔로업 검사가 가능합니다. 이 몇 개월의 기간이 아이 발달의 골든타임이 될 가능성이 큽니다.

'아이가 느린지 아닌지 걱정이 돼서' 치료실의 문을 두드릴 수도 있습니다. 하지만 '내 아이의 언어발달 수준을 점검하고 이후 발달을 위한 조언을 듣고 싶어서' 치료실을 방문한다는 생각으로의 전환이 필요합니다. 그리고 전문가와의 대면을 통한 정확한 점검이 중요하다는 것을 잊지 마세요.

장점과 단점을 강점과 보완점으로 만들기

모든 아이는 각자의 발달 영역에서 강점이 있어요. 또 동시에 더욱 자극해야 할 부분도 존재해요. 영유아 검진이나 전반적인 발달 검사를 받으면 객관적인 수치로 아이의 발달 상황을 볼 수 있습니다. 그런데 이때 또래에 비해 백분위가 낮게 나온 영역이 있다면, 조급한 마음이 들어 아이를 더 다그치기도 하지요.

모든 발달의 시기에는 객관적인 수치만으로는 파악할 수 없는 아이의 강점과 보완점이 존재합니다. 언어발달 평가를 받을 때도 이 부분을 반드시 함께 점검해야 합니다. 아이의 언어발달 수준이 4세 시기에 또래보다 1년 정도 지체되었다고 하더라도 지속적인 것은 아닙니다. 아이는 꾸준히 성장하고 있기 때문이지요.

부모로서 가장 어려운 과제가 될 수도 있지만 아이의 강점부터 발견해 보세요. 천천히 배우는 아이인 만큼, 탐색하는 시간을 길게 가질 수 있고 주변을 관찰하는 시간이 길 수도 있습니다. 실제로는 산출하는 단어보다 더 많은 단어를 알 수도 있습니다.

부모 상담을 할 때 치료사가 발견한 아이의 강점을 전달하면, "아이에게 그런 부분이 있는 줄 몰랐어요." 하고 놀라시는 분들이 있습니다. 일상에서는 강점보다는 부족한 부분이 더 크게 느껴질 수 있어요. 때로는 답답하기도 하고요. 또래에 비해 부족한 부분이 있다면, 그 부분을 채워 준다는 생각으로의 전환이 필요합니다.

양육자의 마음 돌봄과 휴식

양육자는 아이의 발달이 늦어지는 원인을 찾으려 노력합니다. 발달 검사를 기다리는 동안, 감정의 기복이 커지기도 하지요. 처음에는 코로나와 같은 환경적인 이유를 찾다가 결국 '평소에 내가 아이에게 자극을 많이 주지 않아서'라는 결론에 다다릅니다.

아이의 언어발달이 또래보다 늦어서 검사를 받아야 하는 상황은 부모 잘못이 아니에요. 아이가 기질적으로 타고난 부분, 환경, 그 외의 여러 가지 요소가 함께 어우러져 있습니다. 죄책감보다는 엄마와 아빠, 또는 아이를 돌보는 조부모님 모두 짧은 시간만이라도 휴식을 갖기를 권합니다. 혼자만의 시간을 갖거나 에너지를 얻을 수 있는 나만의 방법을 찾아보세요.

SNS를 보는 게 휴식이 되어 주지 않는다면 SNS를 잠시 멀리하는 것도 권합니다. 짧은 산책, 분위기 좋은 카페에서 커피 마시기, 드라마 시청 등 나만의 충전 시간을 만들어 보세요.

더불어 육아는 양육자가 '함께'해야 합니다. 자녀 양육은 엄마 또는 아빠 한 사람만의 몫이 아닙니다. 가능하다면 부부가 함께 육아라는 과제를 분담해야 합니다. 육아 스트레스와 묵혀 둔 산후 우울증을 극복하는 것이 막막하게 느껴질 수 있습니다.

부모로 살아가는 건 '처음'이기에 서툴러도 괜찮아요. 부모로서의 어려움을 상담을 통해 나누고 조금 더 가볍게 일상을 꾸려 보세요. 또한 맘카페가 대나무숲이 되어 주기도 하지만, 가려운 부분을 시원하게 긁어 주기는 어려울 거예요. 그럴 때는 가까운 기관에서의 상담 또는 온라인 상담을 권합니다. 가벼운 우울감이더라도 누군가의 공감과 지지를 통해 육아의 힘을 얻을 수 있을 거예요.

최근 몇 년 사이 언어치료실에 방문하는 사람이 많이 늘었습니다. 또한 24개월 이전에 언어발달 검사를 의뢰하는 경우도 있습니다. 4~7세는 그 이전 시기보다 양육자가 아이의 발달에 대하여 더 많은 고민을 마주합니다. 어디서, 어떻게, 무엇부터 시작해야 할지 막막한 부모님들을 위해 아이의 언어발달을 돕는 방법에 대해 함께 고민하려 합니다. 제가 알려 드리는 처방전을 일상에서 바로 실행하기 어려울 수 있습니다. 속도가 느려도 괜찮습니다. 아이의 성장 속도에 따라서 조금씩 실천해 보는 것은 어떨까요?

어휘 처방전

    오른쪽 체크 리스트의 내용은 제가 언어치료실과 온라인 상담 공간에서 혹은 주변에서 가장 많이 접했던 주제들과 부모님들의 고민입니다. 양육자라면 '나도 이런 고민을 해 본 적이 있는데'라는 생각이 들 수 있습니다. 우선은 내 아이가 특별히 어떠한 문제를 갖고 있는지에 신경 쓰기보다는 편안한 마음으로 마주하세요.

    체크 리스트는 언어발달 정도를 객관적으로 평가하기 위한 검사지가 아닙니다. 주제마다 해당하는 항목에 체크해 보세요. 치료실과 온라인 언어상담 안에서 가장 큰 비중을 차지하는 고민을 영역별로 모았습니다. 솔루션을 적용한 이후에도 고민이 지속되거나 걱정이 많아진다면 전문가의 상담을 받는 것을 권합니다.

언어발달 체크 리스트

	특성	check
1	이해하는 단어 양에 비해 사용이 한정적임 새로운 단어도 미사용	
2	'이거', '저거', '그거'와 같은 대용어를 주로 사용	
3	친숙한 단어를 묻는 질문에 적절하게 반응하지 않음 예) '가지'를 보며 "이게 뭐지?"라고 물었을 때, "오이"라고 답함	
4	낱말의 범주를 이해하지 못함 예) 가지-야채, 사과-과일, 호랑이-동물	
5	동작어, 상태를 나타내는 말 등을 표현하지 않음 예) '컵'은 말하지만 '큰 컵, 작은 컵, 물 마시기' 등의 표현을 어려워함	

처방전

어휘 발달 과정을 이해하기

18~24개월 무렵의 아이는 이전보다 더 빨리 어휘를 습득하는데 이 과정을 '어휘 폭발기'라고 합니다. 18개월 무렵에는 약 50개의 단어를 사용하다가 24개월 무렵부터 단어와 단어를 연결해서 말하지요. 이때 아이는 사물의 이름 외에 동작어, 상태를 표현하는 말, 인사와 같은 간단한 사회적인 표현을 배웁니다.

아이는 직접 경험하고 조작해 본 사물, 동사(예: 타다, 열다, 먹다

등), '예/아니오' 등의 의사소통 기능과 연관된 낱말, 과거/현재/미래 등 시제에 대한 말, 일상에서 자주 사용하는 말을 빨리 배웁니다. 알려 준 적이 없는 것 같은데 낯선 단어를 말하는 아이의 모습을 보면 부모는 때로 놀라기도 합니다.

또한 이 시기는 가정에서 어떻게 단어 자극을 줄 수 있을지에 대한 고민이 시작되는 때이기도 합니다.

아이가 적절한 단어를 금방 말할 때도 있지만 단어를 떠올리는 데 시간이 필요한 경우도 있습니다. 상황에 전혀 맞지 않는 단어를 말하기도 하고요. 이러한 시도 또한 아이가 어휘를 이해하고 표현하는 능력을 기르는 과정이니 미리 걱정하지 마세요.

언어발달 연구에 따르면 아이는 3~4세 무렵에 1,200~2,000개 이상의 어휘를 이해할 수 있고, 800~1,500개 이상의 어휘를 말할 수 있어요. 6~7세에는 20,000개 정도의 어휘를 이해할 수 있습니다. 아이마다 어휘를 이해하고 표현하는 속도에는 차이가 있어요.

부모는 일상에서 아이가 이해하고 표현하는 어휘의 '개수'보다는 내용에 집중해야 합니다. 적절한 어휘를 사용할 수 있도록 돕는 조력자가 되는 거지요. 아이는 스스로 단어를 말하고, 어른의 단어를 듣고, 고쳐서 다시 말하는 과정을 통하여 어휘집의 크기를 키웁니다.

가정에서 풍부한 어휘 자원 만들기

풍부한 어휘 자원의 형성은 아이에게 매번 새로운 어휘를 들려주는 것만을 의미하지 않습니다. 아이가 친숙하게 느끼는 어휘, 경험한 어휘, 처음 접한 낯선 어휘 모두가 어휘 자원이 될 수 있어요. 천천히 배우는 아이에게 가정에서 매일 듣는 어휘는 언어발달의 필수 영양소입니다.

아이가 어휘를 접할 수 있는 가장 익숙한 대상은 부모입니다. 낯선 단어를 듣고 "그게 뭐야?"라고 물어보면 부모는 그 의미를 설명해 주지요. 매 순간 적절하게 설명하기 어려울 수 있지만, 최선을 다해 아이의 눈높이에 맞춰 의미를 풀어 줍니다. 이런 과정은 아이의 어휘력 성장을 돕습니다.

아이의 어휘력 성장을 위한 가정환경을 만드는 것은 어렵지 않습니다. 아이가 보는 것, 경험한 것, 친숙한 단어부터 시작해서 새로운 어휘를 조금씩 접할 수 있도록 들려주세요. 그런데 일상에서 매번 새로운 단어를 들려주는 데는 한계가 있습니다. 그럴 때는 아이에게 그림책을 읽어 주거나 야외 활동 시간을 마련해 보세요. 어휘 자극의 재료를 보다 쉽게 모을 수 있습니다.

미디어를 통해서도 아이들은 새로운 어휘를 배웁니다. 약속을 지킨 것에 대한 보상으로 미디어 시청을 허락했다면 영상에서 보았던 배경, 등장인물, 등장인물의 행동과 감정에 대해 이야기해 보세요. 단순히 미디어를 시청하게 하기보다 상호작용을 끌어내는 겁니다. 특히 언어발달이 느린 아이에게 '상호작용'은 아주 중요합니다.

아이가 매일 보고, 듣고, 접하는 어휘는 언어발달의 '살아 있는 교과서'가 됩니다. 새로운 어휘를 많이 들려주려는 시도보다는 일상에서 아이에게 익숙한 단어부터 들려주세요. 친숙한 단어와 함께 새로운 단어를 조금씩 넣어 주는 거지요. 이러한 과정이 반복된다면 아이의 어휘집이 튼튼해질 거예요.

아이에게 기회를 제공하기

"새로운 단어를 알려 주는 것보다 아이에게 말할 기회를 주는 게 더 어려워요."라는 말을 언어발달 상담 현장에서 흔히 듣게 됩니다. 아이가 단어를 떠올리기 어려워하거나 머뭇거리는 모습을 보면 부모는 아이 대신 말해 주고 싶은 마음이 듭니다. '기다려야지'라고 매번 다짐하지만, 한순간에 무너지기도 합니다.

아이에게 단어를 사용할 기회를 준 뒤에는 기다려야 합니다. 아이에게는 부모의 기다림이 낯설고 힘들게 느껴질 수도 있습니다. 단어가 떠오르지 않을 때, 누군가가 대신 말해 주는 게 익숙할 수도 있지요. 아이가 단어를 말할 때까지 기다리면서 양육자는 초조해지기도 합니다.

부모는 자꾸 '왜 이렇게 말하는 걸 어려워할까? 다른 아이들은 술술 이야기하던데. 왜 이렇게 오래 걸리는 걸까?'와 같이 생각하며 다른 아이와 비교하게 됩니다. 그러한 생각이 들 때마다 잠시 멈추고 아이의 성장에 집중해 주세요. '지난주에는 이 단어를 말할 때 시간이 더 오래 걸렸는데, 오늘은 아무 도움 없이 스스로 말했구나'와 같은 생각으로 전환하며 아이의 발전에 집중하세요. 아이도 어느새 부모와의 대화를 더 편안하게 느낄 거예요.

다음 세 가지 원칙을 지킨다면 아이가 어휘를 스스로 사용할 수 있는 기회를 만들 수 있습니다.

첫째, 아이의 말을 끝까지 들어요. 발음이 부정확하거나 어휘를 부적절하게 사용하더라도 아이가 말하는 중에는 "다시 말해 봐."라고 요구하지 마세요.

둘째, 아이가 도움을 요청하기 전까지는 아이 말에 끼어들지 않습니다. 아이가 "그 단어가 뭐였지? 도와주세요."라고 하기 전까지는 아이의 말을 찬찬히 듣습니다.

셋째, 아이가 부모의 말에 반응할 수 있도록 천천히 말해 주세요. 문장과 문장 사이 딱 2~3초의 여유만 있으면 됩니다.

문장 처방전

24개월 이후 아이들이 말하는 단어+단어 조합은 점점 더 문장에 가까워집니다. 3~4세 무렵부터는 과거에 있었던 경험, 앞으로의 일을 이해하고 표현하는 과정을 통해서 시제를 표현할 수 있지요. 예를 들어 과거형인 '먹었어', 미래형인 '먹을 거야'라는 시제가 담긴 말을 구사합니다.

아이가 단어를 많이 구사하기 위해서는 그만큼 듣는 경험이 우선되어야 합니다. 문장 표현 또한 '이해'에서 시작됩니다.

아이는 점점 복잡한 문장을 이해하고, 4세 무렵부터는 짧은 이야기에 주의를 기울일 수 있어요. 문장을 들은 후, 질문에 대한 적절한 답을 말하는 빈도가 점점 늘어나지요. 5세부터는 문장을 들고 난 후에 문장과 관련된 질문이 늘어나고, 질문의 길이도 길어집니다. 다음은 언어발달 상담 현장에서 자주 접하는 문장과 관련된 고민입니다. 혹시 우리 아이에게도 해당되는지 살펴보세요.

문장 관련 점검표

	점검 사항	check
1	아이가 이해하는 문장의 길이보다 표현하는 문장의 길이가 짧음	
2	반복되는 말(짧은 문장으로)로만 표현함	
3	주로 "네/아니오.", "좋다/싫다."로만 대답. 그 외의 관련 문장을 표현하지 않음 예) "밥 먹을래?"라는 질문에 "아니야.", "아직 배가 안 고파요." 또는 "배불러요." 등의 이유를 말하지 않음	
4	자신의 경험을 시간 순서에 따라 전달하지 못함	
5	상대방이 들려주는 문장을 듣고 기억하지 못함 금방 들은 문장을 이해하는 데 어려움을 보임	

처방전

문장 발달 과정을 이해하기

아이는 이해하고 있던 단어를 직접 말로 표현하고(밥), 단어와 단어를 연결하고(밥+먹어), 문장에 단어를 붙이고 다듬으면서("선생님이랑 밥 먹었어.") 적절하게 문장을 말하는 능력을 키웁니다. 3~4세 무렵에는 4~5개의 단어가 포함된 문장을 말하고, 4세 이후에는 4~8개의 단어가 포함된 문장을 말할 수 있어요. 짧은 문장으로만 말하는 아이도 있고 끊임없이 긴 문장을 시도하는 아이도 있어요. 아이마다 차이가 있습니다.

아이들은 처음부터 문법적으로 완벽한 문장을 말하기 전에 여러 번의 시행착오를 거칩니다. 문장 안에 단어가 많아질수록 긴 문장으로 표현하기 힘들어해요. 긴 문장을 말하려고 시도하면서 속도가 갑자기 빨라지는 모습을 보이기도 합니다. 5~6세 무렵이면 문장이 점점 정교해지면서 문법적인 오류 또한 줄어들어요.

가정에서 문장의 예시를 들려주기

아이가 긴 문장을 말할수록 언어발달이 잘 진행되고 있다고 할 수 있습니다. 아이는 단어와 단어를 합쳐서 '짧은 문장→긴 문장'으로 말합니다. 처음에는 단어를 말하다가 짧은 문장으로 이어지고 점점 길어지고 매끄러워지지요. 이전에는 단문으로만 표현했다가 아이가 긴 문장으로 구사하는 모습을 보면 부모는 뿌듯합니다.

그런데 긴 문장으로 말한다고 해서 또래보다 언어발달이 빠르다고 확언할 수는 없어요. 문장 길이 외에도 문장 안에 의미가 적절한 어휘를 사용했는지, 배치가 적절한지도 함께 살펴보아야 합니다. 즉, 긴 문장을 말하는 것보다 상황에 적절한 문장을 자주 듣고 말해 보는 경험이 더 중요해요.

가정에서 아이에게 가장 좋은 문장을 들려줄 수 있는 보물창고는 책입니다. 상황에 적절한 어휘, 감정을 표현하는 말, 문법적으로도 완벽한 문장이 담겨 있지요. 책 이외에도 우리 주변에서 볼 수 있는 안내문을 읽어 주는 것도 아이가 다양한 문장을 듣는 경험이 될 수 있습니다.

아이와의 대화로도 다양한 문장을 자연스럽게 들려줄 수 있습니다. "엄마는 오늘 이모랑 김치찌개 먹었어." "더워서 반바지 입고 나왔지." "비가 와서 놀이공원에 못 갔네. 아쉽지만 다음에 가자." 이러한 일상적인 대화 속에도 '-으로', '-(해)서', '-지만' 등의 문장을 연결해 주는 장치가 숨어 있답니다.

아이에게 많은 어휘와 문장을 들려주기 위해서는 먼저 부모도 재충전할 수 있는 시간이 필요해요. 일상에서 늘 아이에게 언어자극을 줘야 한다고 생각한다면 부담감이 커지고 스트레스가 됩니다. 잠시 마음의 여유를 가지고 관심이 있는 주제의 책을 읽어 보세요. 자녀교육서나 지식책이 아니어도 괜찮습니다. 가능하다면 일주일에 짧은 시간이더라도 엄마와 아빠 또한 좋은 문장을 많이 보고 듣는 시간을 만들어 보세요. 부모가 좋은 글을 볼수록, 좋은 말을 들려줄 수 있는 에너지가 충전됩니다.

아이 말을 수정해 주기

초등학교 입학 전까지 아이는 문법적으로 틀린 말을 많이 해요. 아직 문장으로 말하기가 서툴고, 불완전한 문장을 말할 수 있어요. 예를 들어 "선생님이 공 잡-으-고 나도 잡았어." 하고 문법적인 오류를 보인다면, "응, 그랬구나. 선생님이 공 잡-고 지원이가 잡았구나." 하며 바른 문장으로 다시 수정해서 들려주세요.

4~7세 시기는 상대방과의 상호작용, 특히 대화를 통해 상호작용하는 즐거움을 알아 가는 시기입니다. 수많은 시도를 통해 문장을 말하고, 어른이 말하는 문장을 듣고 다시 수정하여 말하는 과정을 거치지요. 어른의 눈에는 이 과정이 매번 보이지는 않지만 아이는 수백 번 이상 이러한 시도를 합니다. 그 과정을 거치다 보면 자신도 모르게 문장이 매끄러워지고 상황에 맞게 다듬어집니다.

"다시 말해 봐!"라는 말을 자주 들은 아이는 말하는 즐거움을 느끼지 못하고 동기부여가 잘 안 될 수 있습니다. '오늘도 다시 말하라고 하면 어떻게 하지?', '틀리면?', '단어가 생각이 안 나는데…. 길게 말하는 거 어려워!'와 같은 생각이 쌓인다면 어떻게 될까요? 아마 하고 싶은 말이 있어도 먼저 말하려고 시도하는 횟수가 줄어들 거예요.

'처음에는 어려웠는데, 이제 재미 있어', '엄마와 아빠는 내 이야기를 잘 들어 줘', '틀려도 괜찮아. 다음에는 이렇게 말해야지'라고 아이가 생각하고 즐겁게 말할 수 있도록 아이의 말에 귀를 기울여 주세요. 아이는 경청하는 자세도 함께 배울 수 있습니다.

부정확한 발음(조음)에 대한 처방전

발음은 전문가의 정확한 평가가 중요합니다. 아이의 발음에 대한 고민이 있다면, 먼저 전문가의 조언을 받아 보세요. 집에서도 아이의 발음을 지도할 수 있지만, 발음은 연습 이전에 정확한 평가가 먼저예요. 전문가와의 만남을 통하여 정확한 발음을 하기 위한 지름길을 안내받을 수 있어요. 전문가가 발음치료를 할 때는 발음하기 위한 입술, 혀, 턱의 움직임 등을 살펴봅니다. 혀와 입술, 치아, 턱에 이상이 있다면 발음에도 영향을 끼치거든요. 구강 근육, 구조적 이상, 신경 근육을 종합적으로 살펴 언어치료의 계획을 세웁니다.

발음 점검 리스트

	특성	check
1	발음할 때 혀의 움직임이 적고, 입을 작게 벌림 언뜻 듣기에 웅얼거리는 것 같음	
2	발음 때문에 잘 알아듣지 못할 때가 많음 낯선 사람이나 오랜만에 만나는 사람은 아이의 말을 잘 못 알아들음	
3	특정 음소(자음)을 유독 부정확하게 말함 예) 바방 두데여(가방 주세요).	
4	자신의 발음이 부정확하다는 걸 아이도 자각함 부정확한 발음 때문에 상대방과의 대화를 피함	
5	익숙하지 않은 단어는 더 부정확하게 발음	

처방전

발음 발달 과정을 이해하기

연령이 높아지면서 아이의 발음은 점점 정확해집니다. 자음 발달을 살펴보았을 때, 'ㅂ, ㅍ, ㅃ'과 같이 입술로 내는 소리(입의 앞쪽에서 발음하는 자음)가 가장 먼저 발달하고 'ㄷ, ㄸ, ㄴ', 'ㄱ, ㅋ' 등의 소리를 낼 수 있어요. 아이들은 'ㅈ' 계열의 자음은 3세,* 'ㅅ,

---

* 만 나이 기준

ㄹ'은 4~5세 이후에 습득합니다. 받침 'ㄹ(예: '달'의 받침 ㄹ)'을 초성 'ㄹ(예: '라면'의 초성 ㄹ)'보다 먼저 정확하게 발음할 수 있어요. 4~7세 무렵은 부정확한 발음의 패턴이나 오류에 있어서 개인차가 크지요. 언어발달이 느린 아이의 경우, 부정확한 발음 때문에 양육자가 상담을 의뢰하는 경우가 많습니다.

발음 발달 과정 중에 단어를 합쳐서 발음하는 듯 들리거나(예: 할머니/함미), 음절이 많은 단어를 줄여서 발음하는 듯 들릴 때도 있어요(예: 아이스크림/아끄임 또는 아낌). 아이가 다시 정확하게 말하기까지 시간이 걸리기도 합니다. 새로운 단어가 어려운 경우에는 자신에게 익숙한 단어로 바꾸어 말하기도 하고요. 단어와 문장 말하기와 마찬가지로 아이는 정확한 발음을 말하기 위해 여러 차례 연습하는 과정을 거칩니다.

언어치료실에 방문하는 4~7세 아이들 중, 'ㅈ, ㅅ, ㄹ' 계열의 자음을 부정확하게 발음해서 오는 경우가 많습니다. 연구마다 약간의 편차가 있지만, 'ㅈ'의 경우, 3세 후반 무렵이면 정확하게 발음하고, 'ㅅ'과 'ㄹ'은 5~6세에 이르면서 정확도가 높아진다고 해요. 'ㄹ'의 경우, 받침 'ㄹ'은 3세 무렵에 발달하며, 초성의 경우는 5세 무렵에 발달합니다.

부정확한 발음에는 다양한 형태가 있어요. 'ㅅ'을 부정확하게 발음할 때, 어떤 아이는 'ㄷ'으로 바꾸어서 발음하거나(예: 사과-다과), 'ㄸ'으로 발음하지요(예: 사탕-따탕). 혀 짧은 소리로 왜곡하여 발음하기도 하고요. 듣기에는 같은 발음으로 들릴 수도 있지만, 올바른 발음을 하기 위해서는 발음 기관을 정확하게 움직이고 조절해야 합니다.

가정에서 정확한 발음을 들려주기

단어와 문장을 듣는 경험이 중요하듯, 정확한 발음을 듣는 경험도 중요합니다. 아이는 어른의 말을 듣고 자신의 발음과 비교하고 다시 수정하는 과정을 거칩니다. 부모 입장에서는 아이의 부정확한 발음을 듣고 난 후에는 속상하기도 하고 초조와 불안을 함께 느끼게 마련입니다.

아이가 부정확한 발음으로 말할 때, "그게 아니지, 다시 말해 볼까?"라고 말하지 말고 정확한 발음을 다시 들려주세요. 때로는 아이가 위축될까 봐 부모가 반응하지 않는 경우도 있는데 그러지 말고 아이의 말에 귀를 기울이면서 정확한 말로 다시 전해 주세요.

"엄마, 오늘 유치원에터 타과 나와떠요, 타과."
"오, 그랬구나. 유치원에서~ 사~과 나왔구나. 맛있었겠다!"

언어치료 기관에서 발음 연습을 함께하고 있다면, 아이에게 정확한 발음으로 말하는 연습을 제안해 보세요. 전문가와의 연습을 통해 10번 중 7~8번 정도 정확하게 발음할 수 있다면, 가정에서도 편안하게 연습할 수 있어요.

"선생님이랑 같이 연습할 때, 어떻게 말했지? 천천히 다시 한번 말해 볼까?"
"천천히 부드럽게 말하면, 엄마가 더 잘 이해할 수 있을 것 같아."
"엄마랑 같이 천천히 말해 볼까? 스아 – 과, 사과!"

간혹 아이와 함께 대화할 때, 부모가 '아기 말투'로 말하기도 합니다(예: "우리 뚜디(우리 수지), 잘 놀고 와떠요(놀고 왔어요?)?". 아이가 한창 말이 트이는 시기인 3세 이전에는 이러한 발음의 말이 친근하게 느껴질 수 있지요. 그렇지만 아기 말투, 혀 짧은 발음, 부정확한 발음은 지양해야 하니 정확한 발음으로 들려주세요.

발음에 대한 자신감 길러 주기

부정확한 발음 때문에 부정적인 피드백을 자주 받은 아이는 자신감이 떨어지는 경우가 많아요. 또래와 대화를 주고받으면서 또래의 반응에 위축되기도 하지요. 어른은 아이의 말이 끝날 때까지 기다려 주고, 아이의 말을 이해하려고 노력합니다. 하지만 또래에게는 그게 어렵습니다.

　아이가 말하는 데 자신감을 잃지 않도록 말할 기회를 충분히 마련해 주세요. 그러기 위해서는 어떻게 해야 할까요? 동요는 입술과 혀와 같은 발음 기관을 자연스럽게 움직이며 발음을 유도합니다. 한 곡의 동요 안에는 여러 자음이 포함되어 있지요. 아이와 함께 편안하게 불러 보세요. 부모의 음정이 정확하지 않다는 부담감은 버리고 시작하세요. 아이는 부모와 함께 노래를 부르는 시간만으로도 즐거울 거예요.

아이와 함께 부르면 좋은 동요

목표 자음	동요 가사(일부)	곡명
ㅆ	씨, 씨, 씨를 뿌리고 하룻밤, 이틀 밤, 쉿쉿쉿	〈씨앗〉
입술소리 (ㅁ, ㅂ, ㅍ)	삐약삐약 병아리 음매음매 송아지	〈작은 동물원〉
ㄸ	아기/엄마/할머니 상어 뚜루루뚜루	〈상어가족〉
ㅎ	늑대가 나타나 '후' 날아가 버렸대요.	〈아기돼지 삼형제〉
ㅎ	언제든지 웃어요, 하하하하하 언제든지 웃어요, 호호호호호	〈하하하 호호호〉
ㄲ	꿀꿀꿀꿀 아기 돼지 밥 달라고 꿀꿀꿀	〈엄마 돼지 아기 돼지〉

아이가 잘 알고 있는 주제에 대해서도 이야기 나눠 보세요. 물론 새로운 주제를 말하는 게 아이한테는 부담이에요. 동화나 동물, 곤충, 우주 등 아이한테 친숙한 주제에 대해 대화하며 자연스럽게 정확한 발음을 시도할 수 있습니다.

아이의 발음이 부정확한 경우, 발음에다 초점을 두고 대화를 나눠도 좋아요. 하지만 말의 내용, 대화 기술, 말하는 태도와 자세를 놓칠 수 있지요. 의사소통의 재미를 놓치지 않도록 분위기를 만들어 주세요.

아이를 응원한다는 것은 아이의 부정확한 발음을 무조건 지지해 주고 칭찬해 주는 것만을 의미하지 않습니다. 지금까지의 습관을 단번에 고치기란 쉽지 않아요. 안전한 울타리인 가정 안에서 아이의 말에 귀를 쫑긋 세우고, 아이에게 자신감을 심어 주며, 아이 스스로 할 수 있도록 용기를 북돋아 주세요.

부모의 목소리로 들려주기

많은 분이 아이들에게 스마트폰이나 기계에서 나오는 동요 음원을 들려줘도 되는지 묻습니다. 가능하다면 엄마와 아빠의 입모양을 볼 수 있도록 함께 불러 주세요. 동요를 부를 때, 상대방의 입을 바라보며 아이는 정확히 발음하는 법을 배울 수 있어요. 음원은 아이에게 정확한 발음의 동요는 들려줄 수 있지만, 발음할 때의 입

모양은 볼 수 없지요. 발음할 때의 입 모양을 자연스럽게 노출하면서 부모의 목소리를 들려주세요.

비유창성(말더듬)에 대한 처방전

대화 중에 단어를 반복하거나, '어, 그, 저'와 같은 간투사를 사용한다고 해서 무조건 말더듬에 속하지는 않습니다. 정상적인 비유창성은 발달 과정 중에 얼마든지 나타날 수 있지요. 언어발달이 급성장하는 시기인 2~5세에는 이러한 모습이 나타나기도 해요. 이때는 아이의 발음기관 또한 완전히 발달하지 않은 시기이지요. 아이가 이해하고 표현하는 단어가 많아지거나 문장이 길어지면 일시적으로 말을 더듬는 것처럼 보일 수도 있어요. 이처럼 아이가 말을 더듬는 게 아닐까 고민하다가 언어치료실을 찾는 경우가 많습니다. 차근차근 아이의 기질을 이해하고 언어발달을 돕기 위해서는 함께 호흡하고 함께 눈맞춤하는 순간이 중요합니다. 그렇다면

'비유창성'이란 과연 무엇인지부터 함께 살펴볼게요.

	비유창성 점검 리스트 특성	check
1	대화 시작 전, '음, 그, 저'와 같은 간투사를 사용 예) 어… 유…치원에…	
2	대화 시, 단어를 반복해서 말함 예) "가방-가방-가방 어디 있어요?"	
3	특정한 단어를 피하기 위한 말을 하거나 행동을 함 예) '가방'이라고 말하지 않고 '유치원에 갈 때 가지고 가는 거라고 말함	
4	대화할 때 지나치게 긴장하고 목에 지나치게 힘을 주거나 얼굴을 찡그림	
5	아이 스스로 말을 더듬는다고 인지하고 있음 대화 전/중/후에 점점 더 위축돼 보임	

처방전

비유창함의 기준 이해하기

다음 페이지에 제시된 팁박스의 기준은 발달 중에 보이는 '정상적인 비유창함'이라고 할 수 있어요. 하지만 그 기준을 넘어 단어의 반복이 아닌 단어보다 더 작은 단위를 반복하거나(예: "가방, 가방, 가방" ⇨ "가가가가방"), 말의 흐름에 방해가 될 정도로 간투사(예:

"음… 가방 있잖아… 어… 그 가방이… 저….")를 사용한다면 전문가의 평가를 받아야 합니다. 특히 아이 스스로 자신이 말을 더듬는다는 것을 인지하는 동시에 긴장도가 높아지고 말하기를 피한다면 더 빨리 전문가의 개입이 필요해요.

> **정상적인 비유창함**
>
> - 말과 말 사이(문장과 문장 사이), 1~3초 정도 침묵(주저)해요.
> - 별다른 문제없이(대화할 때 별 방해 없이) 간투사를 사용해요.
> - 대화 시, 단어나 문장을 1~2회 정도 반복해요. 시간이 지나면서 줄어들어요.
> - 단어나 문장을 반복하여 말하는 것을 스스로 인지하지 못해요.
>
> * 참고: 《유창성장애》(이승환, 시그마프레스)

아이의 언어 수준에 맞게 대화하기

아이의 어휘 발달을 촉진하기 위해서는 다양한 어휘를 사용해야 합니다. 하지만 아이가 말하는 것을 부담스러워하거나 긴장한다면 쉬운 단어부터 사용하세요. 임상적으로 전문가의 진단을 받지 않더라도 대화할 때 편안한 분위기인 것이 좋습니다. 그리고 이해가 가능한 단어보다 이해하기 어려운 단어 수가 더 많다면 아이는 더 긴장하게 되지요.

문장의 길이 또한 조절해야 합니다. 구문 발달을 촉진하기 위해 가정에서도 적절한 문장을 사용해야 합니다. 문장 길이가 길어질수록 아이는 더 긴장합니다. 긴 문장을 쪼개서 들려주세요.

"요즘 장마라 폭우가 쏟아지니까 옷 젖지 않게 우비 입고 장화도 신고 유치원에 가야겠다."
⇨ "오늘은 비가 많이 와. 우비 입고 장화 신고 갈까?" (1~2초 기다린 후)
⇨ 여름에 비가 많이 오는 기간을 장마라고 해. (아이가 이해했는지 살핀 후) 비가 정말 많이 오지?"

질문 빈도와 난이도도 함께 조절해 주세요. "너는 어떻게 생각해? 왜 그런 것 같아? 어떻게 해야 할까?"처럼 아이의 생각이나 해결 방법을 갑작스레 물으면 대답하기 힘들어요. 처음에는 "사과 먹을까? 바나나 먹을까?"처럼 아이가 부담 없이 대답할 수 있는 질문으로 시작하세요. 대화 중에 질문을 많이 할수록 아이는 테스트를 받는다고 느낄 수도 있어요. 아이와 대화를 매끄럽게 나누고 싶다면 질문보다 부모의 경험이나 생각을 '천천히, 부드럽게' 들려주세요.

하루 10분! 온전히 아이에게 집중하기

4~7세는 기관에 있는 시간이 길어지거나 외부 수업을 시작하

는 시기입니다. 하원 후 또래와 함께하는 시간이 늘어나기도 하고요. 그러므로 가정에서 아이에게 온전히 집중하는 시간을 만들어야 합니다. 이때 부모가 상호작용 시간의 중요성은 알고 있지만, 막상 아이와 함께 무엇을 해야 할지, 어떤 주제의 대화를 나누어야 할지 막막할 수도 있습니다.

과연 아이와 하루 10분, 그 시간을 어떻게 만들어 갈까요? 먼저 아이가 좋아하는 놀이, 요즘 흥미를 보이는 주제의 그림책, 자신감을 보이는 활동으로 시작합니다. 블록이나 퍼즐이라면 혼자 맞추기보다 엄마와 교대로 하거나 함께 블록을 조립하면서 이야기를 나눠요.

이때는 언어자극보다 아이의 말을 들어주는 데 에너지를 사용해야 합니다. 아이가 문장을 빨리 말하지 못하거나 적절한 단어를 바로바로 떠올리는 걸 어려워할 수도 있습니다. 양육자로서 답답하기도 하겠지만 아이의 말을 끊거나 가로채서 대신 말하지 않아야 합니다. 대신에 아이가 다소 시간이 걸리더라도 끝까지 말할 수 있도록 기다려 주세요. 아이가 무엇을 말하고 싶은지, 말할 때 아이의 표정이 어떠한지, 많이 긴장하는지도 함께 살펴봅니다.

형제나 자매가 있다면 아이와의 둘만의 시간을 정하세요. 아이들은 서로 말의 순서가 겹치거나 자기가 말을 더 많이 하려고 경쟁하기도 합니다. 이렇게 가정에서의 의사소통 상황은 예측할 수 없는 변수가 많지요.

아이 말에 귀를 기울인다면 아이는 안정감을 가질 수 있습니다. 경쟁하거나 말을 빨리 해야 한다는 압박감을 줄일 수 있어요. 단, 매일 이러한 시간을 갖지 못했다고 하더라도 자책하지는 마세요. 일주일 중 3~5회, 하루 중 5~10분씩, 우리 가정의 상황에 맞게 계획을 설정해 보세요. 아이뿐 아니라 부모의 마음도 편안해지는 시간이 되어야 합니다.

'천천히' 말하는 분위기를 만들기

'적절한 속도로 말하기'는 정확한 발음으로 내용을 명확하게 전달하기 위한 필수 요소입니다. 아이 스스로 속도를 조절하기 힘들수록 말이 빨라질 수 있어요. 이미 습관이 되어 있거나 마음이 급할 때 더더욱 빨라질 가능성이 커집니다. 가정 내에서도 대화의 주도권을 잡기 위해서 경쟁하듯이 자신이 말을 더 많이 하려고 하거나 대화를 이끌려고 한다면 속도 조절이 더욱 힘들 수 있지요.

아이가 말을 '천천히'하게 한다는 생각으로 옆에서 부모님이 도와주세요. 엄마, 아빠가 대화를 나눌 때도 속도를 조금만 천천히 조절해 주세요. 아이에게 '빨리 말하지 않아도 괜찮아'라고 반복해서 전달해 주세요. 이러한 생각이 쌓이면 아이 마음에도 여유가 생길 거예요.

"말을 천천히 해야지.", "말의 속도를 줄여야지.", "말을 빠르게 하면 안 돼."와 같은 말들이 아이에게는 버거울 수 있습니다. 상대방이 천천히 하는 말을 듣고, 스스로 천천히 말하는 경험을 쌓아야 합니다. 현재 말 속도에서 1.5배 정도 속도를 늦추면 덜 어색하게 속도를 조절할 수 있어요. 말의 흐름이 이어지지 않을 정도로 천천히 말하거나 지나치게 또박또박 끊어서 전달하면 부자연스럽게 느껴지기도 합니다.

'부드럽게 시작하고, 1.5배 정도 말의 속도를 늦춰서, 천천히 말하기'를 실천해 보세요. 이 방법은 말뿐만 아니라 원활한 의사소통에도 도움이 됩니다. 어른과의 대화를 부드럽게 이어 갈 때도 도움이 될 수 있어요. 엄마와 아빠가 먼저 천천히 부드럽게 말하는 분위기를 만들어 주세요.

간혹 발음 치료를 받고 있는데도 아이가 말을 더듬는 경우가 있습니다. 아이가 말할 때 조금 긴장해서 일시적으로 그럴 수도 있어요. 아이가 정확하게 발음하려고 노력하는 과정을 지지해 주면서, 아이가 끝까지 말하도록 기다려 주세요. 하지만 말을 더듬는 모습을 지속적으로 보인다면, 담당 언어치료사에게 면밀한 상담을 받는 게 좋습니다.

대화 기술(화용)에
대한 처방전

    아이들은 여러 번의 시행착오를 거쳐 대화 기술을 습득합니다. 그러면서 질문에 대답하기, 상대방이 원하는 정보 제공하기, 대답 기다리기를 자연스럽게 배웁니다. 대화할 때의 자세, 상대방과의 거리, 시선 또한 함께 습득할 수 있지요.

    어른도 매너 있는 대화법에 대해 고민합니다. 매끄러운 대화를 위해서는 어떻게 해야 할까요? 장소에 따라 목소리 크기를 조절하거나 대화 중 다른 사람이 오거나 끼어드는 등의 변수에 적응할 수 있어야 합니다. 아이들도 마찬가지로 대화할 때 변수가 생기면 집중하기 어려울 때가 있습니다.

    대화할 때 상대방에게 말을 잘못 전달했다면 대화 중에도 이를 수정하고, "미안한데 다시 말해 줄 수 있어?"와 같은 말로 알고 싶은 정보를 상대방에게 다시 요청할 수 있어야 합니다. 이러한 능력은 학령기에 더욱 발달합니다. 4~7세 무렵의 아이는 상대방이 구체적인 정보를 주지 않으면, 머릿속으로 떠올리며 듣기 어려울 수 있어요.

우리 아이도 마찬가지로 상대방 이야기에 주의를 기울이고 적절한 답을 전달하며, 대화 에티켓을 지키는 과정이 쉽지만은 않지요. 부담감이 더 크게 느껴질 수 있습니다. 아이에게 대화 기술을 알려 주기 전에 다음 점검 사항부터 한번 살펴볼까요?

대화 기술

	점검 사항	check
1	친구에게 먼저 인사하거나 인사에 반응하지 않음	
2	다른 친구에게 관심이 없고 친구와 함께하는 놀이보다 혼자 장난감을 가지고 노는 걸 더 좋아함	
3	친구와 대화를 나눌 때 자신의 관심사나 경험, 자기 생각만 말함. 때로는 상황에 맞지 않는 말도 많이 함	
4	질문을 통해 상대방으로부터 자신이 원하는 정보를 얻지 못함	
5	화가 날 때 울음이나 짜증으로 표현하거나 친구를 때림 자신의 감정을 적절하게 표현하지 못함	

처방전

다양한 대화 기술

대화는 어떻게 이루어질까요? 조금 더 큰 틀인 의사소통 안에서 살펴보면, 우리는 상대방의 말에 주의를 기울이고 반응합니다. 말로 반응해야만 소통이 이루어지는 것은 아니에요. 고개를 끄덕이거나 상대방의 눈을 바라보는 것만으로도 정서적인 교류를 할 수 있습니다.

아이가 상대방의 말에 주의를 기울이는 과정이 바로 시작입니다. 아이는 자신의 이름을 "○○야(아)~!" 하고 불렀을 때, 장난감을 가지고 놀다가도 부모의 목소리가 들리는 쪽으로 바라보거나 "네!"라고 대답합니다. 부모의 말에 주의를 기울이고 반응하는 거지요. 부모의 말을 이해하기 어렵게 느껴지면 고개를 갸우뚱하기도 하고, 지시를 따르기가 어렵다면 "싫어. 안 해. 아니야." 하며 거부하기도 합니다.

이전에는 한 장소에서 각자 놀던 아이들이 4세 무렵부터 점점 친구와 함께 노는 즐거움을 알아 가지요. 이 시기부터는 병행놀이에서 연합놀이로 발전합니다. 함께 노는 역할놀이를 하거나 이야기를 주고받으며 놀이를 확장해요. 4~6세 무렵에는 아이의 도덕성이 더욱 발달하면서 또래 사이에서의 규칙을 배웁니다. 아이의 언어표현이 매끄러워질수록 5세 이전에 보였던 때리기와 같은 공격적인 행동이 줄어요. 하지만 경쟁심이 절정에 이르면서 지는 것을 속상해하고 때로는 울음을 보이기도 합니다. 학령기에도 또래와 함께하는 게임이나 운동에서 이기고 지는 과정을 통해 사회성이 성장해요.

4~7세 때 아이는 도덕성이 발달하는 한편, 친구들 사이에서 크고 작은 갈등을 겪습니다. 부모는 선생님으로부터 생각하지 못했던 아이의 행동들에 대해서 전해 듣기도 합니다. 가정에서는 활발한 아이라고 생각했는데, 기관에서는 친구들과의 대화에 소극적이거나 양보하는 걸 힘들어할 수도 있어요. 반대로 집에서는 소극적이었던 아이가 기관에서는 친구들을 돕고 수업에 적극적으로 참여하는 모습을 보이기도 합니다.

대화 기술을 익히기 위해서는 가정과 기관 안에서의 충분한 연습과 다양한 경험이 필요합니다. 아이에게는 마주하게 될 여러 상황에 대한 연습이 더욱 필요하지요. 친구에게 사과해야 하는 상황, 고마움을 표현해야 하는 상황, 같이 놀고 싶은 마음을 표현하는 상황에서의 대화 경험을 통해 아이는 자신감을 키울 수 있습니다. 아이의 언어발달 속도에 관계없이 대화 기술은 초등학교 입학 이후에도 끊임없이 배워야 합니다.

아이와의 상호작용 시간을 충분히 갖고, 아이의 말에 귀를 기울여 주세요. 일상의 짧은 순간으로 여겨질 수도 있지만, 그 시간을 통하여 아이는 앞으로 사회 안에서 누군가와 관계를 맺을 수 있는 자신감을 얻는답니다.

집에서 먼저 배우는 대화 규칙과 기술

대화 규칙을 배우는 첫 번째 공간은 가정입니다. 아이의 언어 능력이 성장하면서 가족 간의 대화 시간이 늘어나지요. 동시에 대화의 규칙을 정할 필요성도 느끼게 됩니다. 엄마의 질문에 아이가 적절하게 답하기 힘들어하는 경우도 있어요. 또 때로는 엄마, 아빠의 대화에 아이가 갑자기 끼어듭니다. 가정에서의 바쁜 일상을 꾸려가다 보면 대화 규칙과 예절을 아이에게 알려 줄 기회를 놓치기도 하고요. 이때 필요한 대화의 기술을 한번 짚어 볼까요?

경청하기

대화의 시작은 듣기입니다. 상대방의 말을 제대로 들어야 적절하게 반응할 수 있지요. 생각보다 아이 말에 경청하기가 어렵다는 양육자가 많습니다. '아이가 늘 하던 말을 하기 때문에, 부모가 바빠서, 아이가 그때그때 필요한 말을 하지 않기 때문에' 경청하기 힘들다고 합니다.

먼저 일상에서 가족 구성원의 말에 귀를 기울여 보세요. 아이와의 대화뿐만 아니라 배우자와 대화를 나눌 때도 경청하는 시간이 필요합니다. 의식하고 대화를 해 보면, 상대방의 말을 중간에 자르거나 끼어드는 횟수가 예상보다 많을 거예요. 상대방의 말이 끝난 이후에 반응하는 훈련을 시작해 보세요. 이러한 작은 노력이 아이에게 좋은 대화 교과서가 됩니다.

언어발달 상담 현장에서 자주 마주하는 부모의 고민 중 하나는 아이가 말하는 속도가 너무 빠르다는 것이에요. 말을 빨리하던 아이가 그 속도를 갑작스럽게 천천히 늦추기는 힘듭니다. 여기에서의 솔루션은 아이의 이야기를 먼저 듣는 거예요. '내가 말을 빨리하지 않아도, 엄마와 아빠는 언제나 나의 말에 경청하는구나' 하는 경험을 쌓는 거지요.

아이의 언어발달이 느린 경우, 양육자는 내 아이가 또래 집단에서 자신의 생각을 자신감 있게 말하지 못할까 봐 걱정합니다. 말을 잘하는 아이는 또래 안에서 원만한 관계를 유지할 수 있습니다. 더불어 친구의 이야기를 잘 들어주는 아이도 친구들에게 '좋은 친구'로 인식될 수 있답니다. 가정 안에서 먼저 경청하는 법을 가르쳐 주세요.

감정 표현하기

아이와의 소통이 어려운 이유 중 하나는 아이가 몸이나 행동으로 감정을 표현해서입니다. 친구와 관계 맺을 때도 마찬가지입니다. 친구와 놀다가도 마음에 들지 않는 상황에서 울거나 화를 내는 경우가 있지요. 어른과의 소통에서 이러한 모습을 보이면 아이를 다독이거나 타이를 수 있습니다. 하지만 또래 사이에서는 서로 감정을 살필 수가 없어요. 둘 다 감정 표현을 배우는 시기이기 때문입니다.

감정 표현을 배울 수 있는 공간 또한 가정입니다. 가정 안에서 감정을 표현하는 말을 들려주세요. '기분이 좋다', '기분이 나쁘다' 이외에도 좋은 감정과 불편한 감정, 화나는 감정을 표현하는 다양한 어휘를 익힐 수 있습니다. 이런 경험을 충분히 못 하면 초등학교에 입학한 후에도 자신의 감정을 매끄럽게 전달하는 말을 습득하지 못할 수 있어요. 감정을 나타내는 다양한 어휘를 듣고, 이해하고, 자연스레 사용하는 경험을 쌓아야 합니다.

상대가 감정을 표현한다면 그에 공감하는 마음을 표현해야 합니다. 공감의 시작도 듣기입니다. 아이에게 '공감 능력'은 꾸준히 배워야 하는 기술 중 하나이지요. 공감하는 마음을 표현하려면 상대방의 말과 감정을 이해할 수 있어야 합니다.

그림책을 읽거나 역할놀이를 하면서 상대방의 감정을 가늠해 보세요. "주인공이 슬퍼하고 있어. 어떤 말을 해 주면 좋을까?", "○○(이)라면, 어떤 말을 듣고 싶어?"와 같은 말로 이야기를 시작해 보면 어떨까요.

다음 표를 한번 살펴보세요. 감정을 표현하는 말과 공감하는 말의 목록은 일상에서 많이 저장해둘수록 유용하게 사용할 수 있어요. 표에 제시된 말 이외에도 다양한 감정을 표현하는 말과 공감하는 말을 기록해 보세요.

때에 따른 감정을 표현하는 말	
즐거움/고마움을 표현하는 말	고마워, 즐거워, 행복해, 기대돼, 기뻐
슬픔을 표현하는 말	슬퍼, 속상해, 우울해
화를 표현하는 말	화가 나, 억울해, 질투 나, 짜증 나
공감을 표현하는 말	나도 기뻐/즐거워/행복해, 정말 속상했겠다/슬펐겠다/화났겠다/무서웠겠다, 떨렸겠다
위로/격려/감사/고마움을 표현하는 말	고마워/감사합니다, 괜찮아/잘될 거야, 잘할 수 있을 거야

아이가 이러한 공감과 위로, 감사의 말을 가족에게 먼저 전하도록 해 주세요. 그다음으로는 친구에게 적용하게 하고요. 관계를 돈독하게 할 뿐만 아니라 대화를 더 매끄럽게 마무리할 수 있습니다. 처음에는 낯설 수 있지만 집에서부터 '생생한 사회성 교과서'를 만들어 보세요.

역할놀이로 연습하기

역할놀이는 집에서도 쉽게 할 수 있는 놀이 중 하나입니다. 아이와의 역할놀이 시간이 언어발달에 도움이 된다고는 알고 있지만 막상 역할놀이를 하는 게 쉽지만은 않아요. 장난감으로 역할놀이를 하려는데, 아이가 "엄마는 나만 할 거야.", "아니야! 얘는 ○○가 아니라 루피야! 얘는 ○○가 아니라니까!"라며 고집을 피워 크고 작은 실랑이가 벌어지기도 합니다. 다양한 변수가 생기더라도 역할놀이를 계속 시도해 보세요. 다른 놀이와 마찬가지로 아이가 선택한 놀이로 시작하는 게 좋아요. 처음 역할놀이를 한다면 크기가 너무 작지 않고 역할을 분명하게 구분할 수 있는 피규어나 인형이 좋습니다. 너무 작은 피규어는 아이가 다루기 어려울 수 있거든요. 아이는 가상의 역할을 정하는 데 혼란을 느낄 수 있으므로 엄마, 아빠, 남녀나 직업 등 캐릭터가 분명한 인형으로 먼저 시작해 보세요.

차례 지키기

엄마가 말할 차례, 아이가 말할 차례, 친구가 말할 차례를 지켜 주세요. 그리고 아이에게 규칙을 하나씩 알려 주세요. 이 과정은 아이가 느리기 때문이 아니라, 대화하는 방법을 차근차근 가르쳐 주는 시간입니다. 대화 중에 자꾸 끼어들거나 순서를 지키지 않는다면 "지금은 엄마가 말할 차례야. 어떤 말을 하는지 들어 볼까?", "상대방의 말을 잘 들어야, ○○가 대답을 잘할 수 있어.", "○○가 말할 차례에 엄마가 말하면 ○○도 속상하지?" 이렇게 차분하게 설명해 주세요.

역할놀이에 등장하는 인물의 수는 2~3명으로 시작하는 게 좋습니다. 한꺼번에 많은 등장인물이 나오면 아이가 규칙을 이해하기 힘들거든요. '번갈아 이야기하기'를 연습하면서 대화 순서를 배울 수 있습니다.

적절하게 답하기

아이가 '동문서답'을 한다는 부모님의 이야기를 상담 현장에서 자주 듣습니다. 질문을 이해하기 어렵거나 상대의 말에 주의를 기울이지 않으면 아이가 엉뚱한 대답을 하는 경우가 많지요.

역할놀이 안에서 아이가 상대의 말을 듣고, 이해할 수 있도록 도와주세요. 역할놀이는 아이의 눈으로 확인할 수 있어 '어디/누구/언제'라는 의문사에 더 쉽게 답할 수 있습니다. 예를 들어 뽀로로 역할을 맡은 아이가 병원에 다녀왔다면, "어디 갔다 왔어?"라는 질문에 더 쉽게 '병원'이라고 대답할 수 있어요.

역할놀이를 통해 평소에 어려워하는 '왜/어떻게'라는 의문사에도 쉽게 반응할 수 있습니다. 루피가 넘어지거나 물을 쏟는 놀이 상황을 만들어 "어떻게 하지?"라고 하면 "물로 닦으면 돼."와 같은 말을 주고받을 수 있습니다. "물 쏟아도 괜찮아. 옷 젖었어? 물은 내가 닦을게. 옷 갈아입으면 괜찮을 거야."와 같은 말로 이어질 수도 있고요.

역할놀이는 그림 카드 활동보다 훨씬 더 쉽게 아이의 일상에 적용해 아이도 쉽게 '왜/어떻게'라는 의문사에도 대답할 수 있습니다. 양육자도 지루함을 덜 느끼며 놀이에 함께 참여할 수 있지요. 단, 질문하기 전에 아이가 무엇에 관심을 보이는지, 어떤 활동을 하고 있는지 관찰해 보세요. 아이가 루피 인형을 가리키며 "엄마, 이거 봐 봐~ 루피가 아야 했어."라고 말하며 의사소통을 시도했다면 부모는 그 시도에 적극적으로 반응해야 합니다.

상대방 입장에서 생각하기

역할놀이를 통해 아이는 다른 사람의 입장에서 다양한 감정을 느낄 수 있습니다. 장난감을 빼앗는 역할, '이거 다 내 거야'라고만 말하는 역할, 음식을 나누어 주지 않는 역할 등을 하게 해 주세요. 이때 아이는 "혹시 도와줄 수 있어?", "도와줘서 고마워.", "미안해.", "괜찮아? 빨리 나아."와 같은 표현을 배울 수 있어요.

초등학교 저학년 시기에도 역할놀이는 또래와의 상호작용 방법을 익히는 데 도움이 됩니다. 의도적으로 역할놀이로 대화법을 가르치기보다 아이가 놀이 자체를 즐길 수 있도록 이끌어 주세요. 가장 안전한 울타리인 집에서 역할놀이를 배운다면 학교에서도 또래와의 상호작용을 원활하게 이어갈 수 있을 거예요.

이 장에서 가장 먼저 다루고자 하는 영역은 어휘입니다. 어휘는 4~7세 언어발달뿐만 아니라 문해력 성장에 있어서도 핵심적인 역할을 하지요. 다들 어휘력의 중요성을 알고 있지만, 아이에게 어휘를 가르쳐 주는 과정은 순탄하지만은 않습니다. 여유를 갖고 아이와 오래 함께할 수 있는 준비가 필요합니다.

아이마다 다른
어휘 습득 속도

'왜 이렇게 새로운 말을 배우는 속도가 느릴까?'
'왜 반복해서 몇 번씩 알려 줘야 하는 걸까?'
'화내지 않고 가르칠 수는 없을까? 우리말을 재밌게 가르칠 방법은 없을까?'

남몰래 이런 고민을 해 본 경험이 있으신가요? 4~7세 시기에는 아이가 이해할 수 있는 어휘가 폭발적으로 증가합니다. 단어 뜻을 알려 주지 않았는데도 스스로 어휘의 의미를 상황(맥락) 안에서 파악하는 빈도가 늘어나지요. 아이마다 어휘 습득 속도는 다 다릅니다. 단 한 번 접한 어휘를 빠르게 입력시켜서 사용하는 아이도 있지만, 느린 아이는 어휘를 이해하기 위한 시간이 필요해요. 어휘를 소화하고 자신의 것으로 만든 후, 말하기까지의 속도는 아이마다 차이가 있으므로 차분히 기다려 주세요. 다음은 언어발달 상담 현장에서 자주 접하는 어휘 습득에 대한 질문입니다.

Q1.
어휘 습득 속도가 빠를수록 언어능력이 좋은 건가요?

많은 어휘를 빨리 기억하고 말하는 능력도 중요하지만, 4~7세 시기에는 어휘를 이해하고 표현하기 위한 기반을 다지고 경험하는 과정이 더 중요합니다. 다시 말해, 속도보다는 '어휘의 기반을 다지는 과정'이 더 중요해요. 언어발달에 필요한 자원과 재료를 모으는 과정이기 때문이지요.

이 시기에 어휘를 많이 알고 있다면 이후 학습에도 도움이 됩니다. 그렇지만 어휘 습득 속도와 습득한 어휘의 양이 아이의 언어발달의 전부를 결정짓는다고 단정하기는 힘들어요. '다른 상황에서도 어휘를 적절하게 사용할 수 있는지, 꾸준히 확장할 수 있는지, 스스로 어휘의 의미를 파악할 수 있는지' 등 더 많은 부분을 살펴보아야 합니다.

가정에서는 아이의 어휘 습득 속도를 살피고, 이에 맞게 어휘 자극을 주는 방법에 초점을 맞춰 주세요. '가랑비에 옷 젖는다'라는 속담처럼 일상에서 꾸준히 단어를 듣고 흡수하는 시간이 필요합니다. 자주 듣다 보면 아이는 그 단어에 익숙해집니다. 친숙한 단어의 양이 많아질수록 아이는 그 단어에서 파생되는 또 다른 단어를 접할 수 있어요. 더욱 학습에 도움이 되는 어휘(학습 도구어)로 확장될 수 있지요. 어휘의 양과 질은 서로 연결되어 있습니다. 속도보다는 어휘를 '천천히' 소화시키며 배우는 과정이 중요합니다.

Q2.
부모의 어휘력이 높지 않으면 어휘 자극을 주기 힘들까요?

엄마와 아빠의 어휘력은 아이와의 대화에 영향을 줍니다. 부모가 일상 대화 중에 다양한 단어를 사용하면 아이도 그만큼 많은 단어를 접할 수 있지요. 부모가 사용하는 단어와 아이의 어휘 능력이 서로 관계가 있다는 연구 결과도 있습니다.

부모가 어떤 어휘를 사용하는지가 아이의 어휘력에 영향을 주지만, '부모의 어휘력이 낮기 때문에' 아이에게 좋은 언어자극을 줄 수 없는 건 아니에요. 아이가 어휘를 이해하는 속도와 눈높이에 맞게 난이도를 조절해서 들려주세요. 아이가 평소에 자주 사용하는 단어를 세밀하게 파악하고 있다면 아이가 잘 소화할 수 있도록 도와줄 수 있습니다. 아이가 사용하는 단어가 다양해지면 부모에게도 어휘 공부가 필요합니다. 아이에게 들려줄 단어를 담는 시간이 필요해요. 어휘 목록을 만드는 거지요.

사전부터 활용해 보세요. 스마트폰보다 종이 사전을 곁에 두는 방법을 권합니다. 사전은 찾고자 하는 단어뿐 아니라 관련 단어도 함께 접하고, 낱말을 한 번 더 떠올리게 하는 유용한 도구예요. 스마트폰 영상을 보는 대신 책을 읽으면 부모의 어휘력을 높일 수 있습니다. 지식 책이 아니더라도 괜찮아요. 자주 읽다 보면 읽은 내용이 어느 순간 나의 언어가 됩니다. 엄마와 아빠의 어휘 저장소를 조금씩 채워 주세요.

아이의 어휘 능력을 성장시키기 위해서는 제일 먼저 아이의 말에 지지와 격려를 보내는 것부터 시작하세요. 아이가 새로운 단어를 말해 보고, 의미에 맞게 단어를 사용해 보는 성공 경험을 쌓아야 합니다. 스스로 어휘를 말할 수 있도록 기회를 주는 부모의 노련함이 필요할 때도 있지요. 예를 들어 엄마가 대화 중에 단어가 떠오르지 않을 때 아이에게 도움을 요청해 보는 것도 좋습니다.

우리 주변에는 어휘력 성장에 도움이 되는 도구가 많습니다. 자연환경, 환경 인쇄물(간판, 표지판, 안내문 등), 어른 간의 대화, 뉴스에서 들리는 단어도 유용한 도구가 될 수 있어요. 아이가 사용하는 어휘를 면밀하게 파악하고 일상에서 마주하는 도구를 활용해 보세요. 부모의 어휘 능력에 대한 부담감을 덜 수 있을 거예요.

Q3.
어떻게 새로운 단어를 알려 줘야 할까요?

아이에게 새로운 단어를 통해 언어자극을 주는 방법 가운데 하나는 '7대 3 비율 맞추기'입니다. 아이가 현재 알고 있는 어휘는 70~80%, 새로운 단어는 20~30%의 비율로 사용하세요. 가능하다면 같은 주제(범위) 안에서 단어를 확장하는 것이 좋습니다. 예를 들어 '과일/야채' 범주 안에서 새로운 단어를 노출시키는 것이지요. 같은 범주의 어휘는 아이가 이해하고 있는 단어를 가늠하는 데 도움이 됩니다.

물론 아이가 어느 정도 어휘를 이해하고 사용하는지 개수를 점검하기는 쉽지 않아요. 아이가 새로운 표현을 말할 때마다 기록해야 하는 번거로움이 따를 수도 있고요. 이럴 때 카카오톡의 '나에게 보내기' 기능이나 메모 앱을 활용합니다. 아이와 대화를 나눌 때 저는 스마트폰을 사용하지 않기 위해 최대한 잘 기억했다가 기록합니다. 산책이나 이동 중에는 스마트폰에다 그때그때 기록하고요. 집 안의 잘 보이는 곳에 포스트잇을 붙인 후 아이가 말한 새로운 단어를 기록해도 좋습니다. 더불어 아이가 말한 새로운 단어를 부모도 말해 보세요. 부모도 아이도 단어를 더욱 오래 기억할 수 있을 거예요.

> **아이가 사용하는 어휘 점검 및 기록하기**
>
> ① 친숙한 단어는 70%, 새로운 단어는 30% ⇨ 7대 3의 비율로 시작
> ② 아이에게 익숙한 단어가 속한 범주 안에서 어휘를 확장하며 점검
> ③ 아이와의 산책, 놀이, 함께 읽었던 그림책을 떠올리며 아이 말을 기록
>   (스마트폰 메모 앱, 화이트보드, 포스트잇을 활용)

Q4.
어휘 습득 속도가 느린데도 일상에서 고급 어휘를 사용해야 할까요?

초등학교 입학 이후에는 '학습 도구어'를 배웁니다. 학습 도구어란 교과서를 읽고 이해할 때 필요한 학습을 위한 어휘를 말하지요. 글을 읽는 게 능숙해질수록 아이는 글 안에서 다양한 어휘를 배울 수 있습니다. 일상 대화에서 자주 사용하지는 않지만, 학습을

위해 필요한 단어와 한자어를 이해하면서 주어진 문장의 의미를 쉽게 파악할 수 있어요.

우리 아이에게는 어떤 어휘를 들려주어야 할까요? 아이가 일상에서 자주 경험하는 상황과 관련된 어휘부터 들려주세요. 이해하는 어휘의 수가 증가할수록 아이의 호기심도 더욱 자라납니다. 그리고 어른 사이에서 오가는 대화를 듣게 되면 어휘의 의미를 묻는 경우가 더 많아지지요.

일상에서 사용하는 어휘만 들려주기에는 사용하는 어휘가 한정적이라고 느껴질 수 있습니다. 그럴 때 유용한 도구는 바로 '책'입니다. 아이에게 책을 읽어 줄 때는 단순히 읽어 주는 것이 아닌 '상호작용'을 동반해야 합니다. 책에는 일상에서 자주 사용하지 않는 어휘가 담겨 있어요. 아이와 함께 단어의 의미를 예측해 보고, 단어의 뜻을 상세하게 알려 주세요.

우연히 들리는 뉴스나 안내방송에서도 낯선 어휘를 접할 수 있습니다. 아이와 함께 거실에 있을 때, 다음과 같은 안내방송이 들린다면 어떻게 설명해 줄 수 있을까요?

> "오늘은 안내해 드린 바와 같이, 소방 점검이 있는 날입니다. 오전 10시부터 시작할 예정입니다. 다시 한번 안내해 드립니다…"

만일 아이가 "엄마, 소방 점검이 뭐예요?"라고 묻는다면, 아래 예시 중 아이에게 어떤 대답을 해 줘야 할까요?

[예시 1]
"지금은 설명해도 잘 몰라. 나중에 학교 가면 알려 줄게."

[예시 2]
"점검은 무언가를 검사하는 거야. 아파트에 불이 날 수도 있잖아. 그때 소화기로 불을 끌 수 있는지, (천장을 가리키며) 물이 잘 나오는지, 안전하게 대 피할 수 있는지를 보는 거야. 불이 나기 전에 미리 확인하는 거지."

[예시 2]에는 아이의 눈높이에 맞게 불이 나는 상황에 대한 이야기가 잘 담겨 있습니다. 어려운 단어가 포함되어 있지 않아 아이가 쉽게 이해할 수 있지요. 자세히 설명했는데도 아이가 어휘의 의미를 이해하는 데 어려움을 보인다면 더 짧은 문장으로 전달해 주세요. 아이가 고개를 끄덕이거나 어떤 반응을 보일 때는 기다려 주면서 문장을 이해하고 있는지를 살펴보세요.

유아기는 단어에 대한 호기심이 늘어나는 시기이지만, 경험해 보지 않은 어휘의 의미를 이해하기는 어려워요. 이때까지 아이가 받은 언어자극에 따라서 저장된 어휘의 양도 차이가 있어요.

'새로운 말을 알아 가는 게 정말 재미있다!'와 같은 생각을 갖는 경험이 반복된다면 자연스럽게 더욱 다양한 어휘와 연결될 수 있을 거예요. 5대 1의 비율을 맞추면 더 좋습니다. 알고 있는 어휘가 4~5개라면, 새로운 단어는 1~2개 사용해서 어휘 자극을 주는 거지요.

이때 아이에게는 단어를 맛있게 요리해 주는 과정이 필요합니다. 소화하기 쉬운 단어부터 조금씩 난이도를 높여 보세요. 이후 새로운 단어의 의미를 예측하는 능력을 기르는 데에도 도움이 될 수 있습니다.

Q5.
어휘보다 더 중요한 영역은 없을까요?
어휘가 제일 중요한가요?

언어발달은 골고루 이루어져야 합니다. 어휘 지식이 많더라도 어휘를 적절하게 사용하면서 사회 구성원으로서 잘 어우러질 수 있는 능력을 갖춰야 하지요. 이 책에서 어휘에 중점을 둔 이유는 언어발달에서 어휘는 뿌리, 즉 자원이 되기 때문입니다. 천천히 배우는 아이에게 어휘는 특히 중요한 언어발달 요소이지요.

어휘는 아이가 쉽게 사용할 수 있는 의사소통의 도구입니다. 자신이 원하는 것과 감정에 대해 전달할 때 어휘가 유용한 역할을 하지요. 긴 문장을 말하더라도 문장 안에 담긴 어휘가 적절하지 않게 사용되었다면 오히려 소통을 방해합니다.

적절한 어휘가 떠오르지 않으면 아이는 울음이나 몸짓으로만 표현하기도 합니다. 부모는 그럴 때마다 아이가 '좋다, 싫다, 배고프다', 이외에 더 다양한 단어로 자신의 감정과 생각을 표현했으면 하는 바람을 갖습니다.

어휘를 중심으로 짧은 문장을 만들고 그 문장을 적절하게 사용하는 능력을 기른다면 아이의 언어발달은 더욱 탄탄하게 이뤄질 거예요. 어휘 지식'만'을 채우지 않기 위해서는 가정 안에서의 지속적인 소통이 기반이 되어야 합니다. 아이가 다니는 기관, 이웃, 지역사회로부터의 자극도 중요하지요.

아이의 어휘 능력이 자라나면 부모와의 소통이 더욱 수월해집니다. 아이와 많은 대화를 주고받을수록, '오늘은 어떤 단어를 들려줄까? 이 단어의 뜻을 어떻게 쉽게 전달해 줄 수 있을까?' 이러한 행복한 고민이 늘어날수록 보람도 찾을 수 있을 거예요.

이렇게 해 주세요

우리 집 어휘 교실의 규칙!

1. 일상에서 자주 사용해서 쉽고 친숙한 어휘부터 시작합니다.
2. 7대 3의 비율! 알고 있는 어휘(70%)에다 새로운 어휘(30%)를 들려주세요.
3. 새로 배우고 익힌 어휘를 일상에서 자주 들려줍니다.
4. 아이가 어휘를 사용할 수 있는 기회를 제공합니다. 가끔은 단어가 떠오르지 않는 듯한 부모의 연기도 필요합니다.

> **TIP**
>
> **어휘력을 키우는 부모의 말**
> - **관심 끌기**: "이 단어가 뭐지? 무슨 뜻일까? 혹시 들어 본 적 있어?"
> - **공감하기**: "낯설게 느껴질 수 있어. 알아 가면 괜찮아. 더 재미있을 거야."
> - **격려하기**: "지난번에는 어려웠던 단어인데, 이제는 익숙해졌지? 잘 기억하고 있어. 정말 멋지다."

새 어휘에 대한 호기심을 낮추는 엄마의 말
- **질문만 하기**: "이게 뭐야? 무슨 뜻이야?"
- **다그치기**: "지난번에 알려 줬잖아. 기억 안 나?"
- **비교하기**: "○○(친구 이름)는 알던데."

어휘 마인드맵 만들기

마인드맵의 사전적 의미는 '마음속에 지도를 그리듯이 줄거리를 이해하며 정리하는 방법'입니다. 마인드맵은 한 가지 주제 안에서 다양한 관련 어휘를 지속적으로 만들어낼 수 있습니다. 마인드맵을 그리다 보면 많은 어휘를 채울 수 있지요. 마인드맵은 아이의 어휘 습득을 도와주는 좋은 도구가 될 것입니다.

또한 어휘를 주제별로 묶고 생각을 펼치듯 마인드맵을 채우다 보면 어휘 능력이 쑥쑥 자랄 거예요. 마인드맵이라고 해서 어렵게 생각하지 말고 아이와 놀이처럼 함께해 보길 권합니다.

어휘 그물망을 만들어요

4~7세 아이와의 마인드맵 활동은 틀이 정해져 있지 않습니다. 하나의 주제(범주)를 정하고 아이와 자유롭게 어휘를 나열해 보세요. 아이가 어휘를 말하는 재미를 느끼는 경험이 중요합니다.

- 준비물: 종이(스케치북, 달력 뒷면, 전지 등), 사인펜, 연필
- 광고 전단지, 신문, 아이가 사용했던 교재 안의 일러스트, 스티커 활용
- 처음 연상되는 단어를 그림으로 표현하고 다음에는 아이가 말하는 단어를 쓰거나 관련 그림 붙이기

1) 확장하고 싶은 어휘 주제 정하기: 음식, 동식물, 교통수단, 우리 마을, 지역 사회, 옷, 자연환경, 날씨/계절 등

2) 떠오르는 단어를 아이가 자유롭게 말할 수 있도록 유도해서 관련 단어 나열하기

3) 아이가 새로운 이름을 지어도 그대로 적기(예: 비-눈물비, 눈동자-눈거울) ⇨ 그림으로 표현하기 ⇨ "어떻게 그런 이름을 생각했어? 대단하네."와 같은 말로 격려

4) 거실이나 아이의 눈에 자주 보이는 곳에 마인드맵 붙이기

5) 반드시 어휘가 하나의 주제에만 속하지 않을 수 있음('과일/야채' 범주의 어휘인 '수박'은 '계절(여름)'과 '자연환경(밭)' 범주에도 포함)

주제(범주)	어휘 그물망 재료
	관련 어휘 – 어휘 그물망 재료
자연	• 바다 동물: 불가사리, 오징어, 문어, 조개, 소라, 상어, 물고기, 고래, 낙지, 꽃게, 갈매기 • 산 꽃/나무/풀: 개나리, 진달래, 단풍나무, 은행나무, 사과나무, 감나무, 잣나무, 강아지풀, 소나무, 솔방울 동물: 사슴, 다람쥐, 토끼, 다람쥐, 여우, 곰, 멧돼지, 달팽이 곤충: 벌, 나비, 잠자리, 메뚜기, 사마귀, 귀뚜라미, 개미, 반딧불이, 장수풍뎅이, 사슴벌레, 딱정벌레, 무당벌레, 자벌레 자연풍경: 구름, 땅, 돌, 새, 산꼭대기(정상) 주변: 정자, 캠핑장, 약수터, 다리(돌다리, 나무다리) • 하늘 하늘을 나는 생물: 새(까치, 독수리, 두루미, 참새, 까마귀, 비둘기, 종달새, 앵무새, 딱따구리), 벌(꿀벌, 말벌), 나비(호랑나비, 흰나비, 노랑나비) • 땅 벌레: 공벌레, 자벌레, 사슴벌레, 무당벌레, 집게벌레, 바퀴벌레 동물: 가축(돼지, 소, 젖소, 염소, 닭, 양, 말), 반려동물(강아지, 고양이, 햄스터), 고슴도치, 너구리
날씨/계절	• 날씨 비: 보슬비, 이슬비, 장대비, 여우비, 천둥, 번개 눈: 진눈깨비, 함박눈, 첫눈, 눈송이

날씨/계절	바람: 태풍, 솔솔바람, 센 바람, 비바람, 눈바람, 산들바람, 황소(그 외 동물 이름) 바람 • 자연재해: 홍수, 가뭄, 우박, 태풍, 지진, 폭설, 폭우, 폭염, 한파 • 계절 봄: 새싹, 봄꽃(민들레, 진달래, 개나리, 벚꽃), 일교차, 봄비 여름: 장소(수영장, 바다, 계곡), 음식(빙수, 아이스크림, 냉면, 삼계탕, 화채), 과일/야채(수박, 참외, 포도, 멜론, 복숭아, 옥수수), 옷(반팔 티셔츠, 반바지, 수영복), 스포츠(수영) 가을: 나무(단풍잎, 은행잎), 솔방울, 밤-밤송이, 음식(사과, 배, 감, 밤, 송편, 은행) 겨울: 눈, 눈사람, 눈송이, 옷(털모자, 코트, 목도리, 장갑), 음식(호떡, 호빵, 어묵, 붕어빵, 군밤, 군고구마, 팥죽, 떡국), 스포츠(스키, 썰매)
음식	• 먹을거리 과일: 딸기, 사과, 배, 바나나, 파인애플, 망고, 블루베리, 포도 야채: 감자, 오이, 시금치, 파, 양파, 당근, 파프리카, 호박 • 음료: 물, 콜라, 사이다, 과일주스 • 밥: 쌀밥, 현미밥, 비빔밥, 찰밥, 오곡밥, 콩밥 반찬: 김치(배추김치, 깍두기), 멸치, 고기(돼지고기, 소고기, 불고기, 닭고기, 생선), 계란, 김, 햄, 나물, 시금치, 콩나물, 두부, 잡채
지역/마을	• 집: 아파트, 초가집, 기와집, 지붕 • 병원/약국: 감기, 설사, 배탈, 눈, 안대, 안경, 깁스, 밴드, 목발, 붕대, 열, 약, 약사 • 미용실: 가위, 미용사(헤어 디자이너), 펌, 거울, 드라이기 • 마트: 시식 코너, 결제, 계산, 키오스크, 할인, 주인, 손님 • 공공장소: 경찰서, 소방서, 주민센터, 은행, 학교, 우체국, 보건소, 병원, 마트, 백화점

교통수단	• 교통수단: 자동차, 기차, 택시, 버스, 비행기, 오토바이 • 주변: 도로, 신호등(빨간불, 초록불), 횡단보도, 정지, 혼잡
신체	• 얼굴: 눈, 코, 입, 눈썹, 머리, 귀, 코 • 그 외: 팔, 다리, 어깨, 무릎, 발, 엉덩이, 등, 목
사물	• 주방(요리/식사 도구): 프라이팬, 칼, 도마, 국자, 수저(숟가락, 젓가락) • 화장실/욕실: 욕실 실내화, 샴푸, 린스, 세면대, 세숫대야, 샤워기, 칫솔, 치약, 수건 • 문구: 연필, 지우개, 가위, 종이, 공책(종합장, 스케치북), 크레파스, 색연필, 풀 • 옷(의류): 티셔츠(반팔, 긴 팔), 바지(긴바지, 반바지, 쫄바지, 청바지), 치마(원피스, 미니스커트, 드레스) • 신발: 구두, 샌들, 운동화, 슬리퍼, 실내화
색깔	• 노랑(바나나, 레몬, 옥수수), 보라(가지, 포도), 빨강(소방차), 초록(오이, 시금치), 파랑(바다, 하늘),

어휘 그물망 – 마인드맵

① 대화 가이드 : 비

"비는 어떤 계절에 많이 내릴까? 비는 많은 이름을 가지고 있어. 어떤 이름이 있을까? 한번 이야기해 볼까?"

⇨ "봄비, 장대비, 장마, 보슬비, 이슬비."

"비가 내릴 때 어떤 소리가 나지?"

⇨ "주룩주룩, 후두두둑, 톡톡, 쏴아."

"비 맞아 본 적이 있어? 느낌이 어땠어? 기분이 어때?"

⇨ "축축해요, 차가워요, 재미있어요, 시원해요, 축축해요."

"갑자기 비가 오면 어떻게 해야 할까?"

⇨ "우산을 써요, 가게에 들어가요."

"천둥소리를 들으면 어떤 동물이 떠올라?"

⇨ "사자, 호랑이."

② 대화 가이드 : 바람

"바람이 불 때 어떤 소리가 나지?"

⇨ "쌩쌩, 솔솔, 후~"

"바람이 불 때 어떤 기분이 들어?"

⇨ "시원해요, 산뜻해요, 상쾌해요."

"바람의 이름을 만들어 볼까?"

⇨ "솔바람, 쌩쌩바람, 씽씽바람."

아이에게 동작어(동사)와 상태어(형용사)는 어떻게 가르쳐 주어야 할까요? 마인드맵에 적은 명사 주변에 동작어, 상태어, 묘사하는 말을 함께 적어 보세요.

③ 대화 가이드: 기차

"기차를 보면 무엇이 떠올라?"
⇨ "길어, 빨라, 칸이 있어."
"기차는 어떤 모습이야?"
⇨ "칙칙폭폭 소리가 나는 것도 있어. 기차가 다니는 길이 있어. 길고 칸이 많아."

어휘 그물망은 언제 어디서든 쉽게 어휘를 확장할 수 있다는 장점이 있습니다. 부모의 어휘력도 자연스럽게 높여 주고요. 아이와 함께 매일 조금씩 우리 집만의 어휘 그물망을 촘촘하게 채워 보세요. 아이의 어휘력이 성장하는 것뿐 아니라 어휘에 대한 호기심과 흥미가 더욱 높아질 거예요.

쉽고 재미있는
말놀이 시간

    말놀이의 사전적 의미는 '말을 주고받으며 즐기는 놀이'입니다. 말놀이는 오래전부터 이어 온 재미있는 놀이 중 하나예요. 말놀이는 마인드맵 활동과 마찬가지로 특별한 재료가 없어도 쉽게 할 수 있다는 장점이 있어요. 말놀이를 하기 위해서는 서로의 말소리에 귀를 기울이는 주의력과 함께 말놀이를 즐기려는 마음이 필요합니다.

    문해력에 대한 관심이 높아지면서 말놀이와 학습을 함께 연결하기도 합니다. 말놀이는 어휘뿐만 아니라 정확한 발음, 한글 발달을 도울 수 있기 때문이에요. 이처럼 말놀이가 언어발달과 문해력 촉진에 도움을 주기는 해도 말놀이의 핵심은 '놀이'입니다. 학습이 아닌 놀이가 되어야 아이가 재미를 느낄 수 있어요. 그래야 꾸준히 하고자 하는 동기부여가 됩니다.

말놀이를 시작할 수 있는 시기나 나이가 정해져 있지는 않습니다. 아이는 이미 일상에서 어휘를 배우면서 스스로 새로운 단어를 만들고 말하는 과정을 반복합니다. 어른의 '말'에 자신의 말을 이어 가기도 하고요. 이 과정을 통해 아이의 어휘력이 자라납니다. 아이와의 말놀이, 이렇게 시작해 보세요.

말놀이 A~Z

1) 말놀이는 언제 시작하는 게 좋을까요?

① 아이가 단어를 기억하고 생각하며, 말하는 과정을 즐기기 시작할 때 ② 단어의 뜻을 묻기 시작할 때 ③ 우리말의 소리를 조작하며 단어를 만들어 내는 과정을 즐길 때 ④ 상대방의 말에 주의를 기울이며 말을 주고받는 연습을 하고자 할 때 ⑤ 초등학교 입학 전, 한글을 배우기 위한 기반을 만들어 주고자 할 때 시작하면 좋습니다.

2) 말놀이 활동으로는 무엇이 있나요?

끝말잇기, 초성 게임, 수수께끼, 그 외에 잰말놀이(예: '간장공장공장장은…'과 같이 주어진 문장을 빠르게 말하기), 단어 연상하기(예: '시장에 가면, 바나나도 있고→바나나도 있고 딸기도 있고…), 같은 받침 단어로 말하기(예: 'ㅁ' 받침→감, 밤, 잠…), 앞글자 또는 받침 바꾸기(예: '감'의 받침 'ㅁ'을 'ㅇ'으로 바꾸면? →'강'), 단어 거꾸로 말하기(예: 기러기→기러기, 산토끼→끼토산) 등이 있어요.

3) 한글을 익혀야만 말놀이를 할 수 있나요?

말놀이는 한글을 이해하는 데 도움이 될 수 있지만, 한글을 알아야만 말놀이를 할 수 있는 것은 아니에요. 오히려 말놀이는 한글을 습득하는 데 도움이 될 수 있습니다. 아이에게 말놀이는 한글 낱자의 소리를 자주 듣고 연결하는 경험으로 이끄는 유용한 도구가 됩니다.

4) 말놀이 방법

종이와 펜, 화이트보드, 자석글자를 준비하세요. 아이가 한글에 관심을 보일 때 자석글자를 활용한다면 실제로 글자를 조작해 볼 수 있습니다. 재료로는 어휘 마인드맵, 일상에서 자주 사용하는 단어, 흥미를 보이는 단어를 준비하세요. 먼저 아이와 함께 단어 하나를 떠올려 봅니다. 가능하면 명사(이름)를 선택합니다. 아이가 기억할 수 있는 음절 수의 단어부터 시작하세요. 2~3개의 음절 단어, 받침이 없는 단어, 아이에게 익숙한 단어로 시작하면 더욱 쉽게 아이의 관심과 동기를 끌어낼 수 있습니다.

단어 목록 예시		
2개의 음절 단어	3개의 음절 단어	4개의 음절 단어
포도, 가지, 나무, 가방	러시아, 바나나, 지우개, 자동차	아포가토, 대한민국

말놀이 ① 단어 거꾸로 말하기

주어진 단어를 아이와 함께 거꾸로 말해요. 아이가 쉽게 발음할 수 있는 단어부터 시작합니다. "엄마가 말한 단어를 거꾸로 말해 볼까? 잘 들어 봐. '포도!'라고 말하면, '도포'라고 말하는 거야! 두 글자부터 시작해 보자." 이렇게 아이와 함께 두 글자 단어부터 세 글자 단어까지 거꾸로 말해 보세요. 거꾸로 말하기 활동을 시작하기 전, 함께 〈산토끼〉 노래를 거꾸로 부르며 흥미를 유도할 수 있습니다.

말놀이 ② 끝말 이어 가기

끝말 이어 가기는 '끝말잇기'와 같아요. '단어 거꾸로 말하기' 활동처럼 쉬운 단어부터 시작해 보세요. 처음부터 음절 수를 정하지 않아도 괜찮습니다. 끝말을 이어 갈 수 있는 단어라면 아이가 단어를 떠올리는 과정을 천천히 지켜봐 주세요.

이 활동에서는 아이가 전체 단어를 기억하고 단어의 끝음절을 기억할 수 있어야 합니다. 집중할 수 있는 환경에서 단어를 주고받는다면 더 많은 단어를 연상할 수 있을 거예요. 아이가 글자를 읽고 쓸 수 있다면 글자를 활용해 보세요. 한글과도 더 많이 친숙해질 수 있어요. 2음절 ⇨ 3음절 ⇨ 다시 2음절 ⇨ 이후에 2~3개의 음절을 가진 단어를 연상해 보세요. 서로의 말소리(단어)에 집중하는 데 첫 번째 목표를 둔다면 더욱 쉽게 시작할 수 있어요.

끝말 이어 가기 활동의 예

말놀이 ③ 같은 글자로 시작하기/같은 글자로 끝내기

어린 시절 '리, 리, 리 자로 끝나는 말은'이라는 동요를 불러 본 적 있으시죠? '리'뿐만 아니라 다양한 글자로 노래를 개사할 수 있답니다. "'가, 가, 가' 자로 시작하는 말~" 또는 "'가, 가, 가' 자로 끝나는 말은~"과 같은 방식으로 노래를 부를 수 있지요.

아이와 차로 이동하거나 산책길, 등·하원길에 노래를 부르며

'같은 글자로 끝나는 단어'와 '같은 글자로 시작하는 단어'를 찾아보세요.

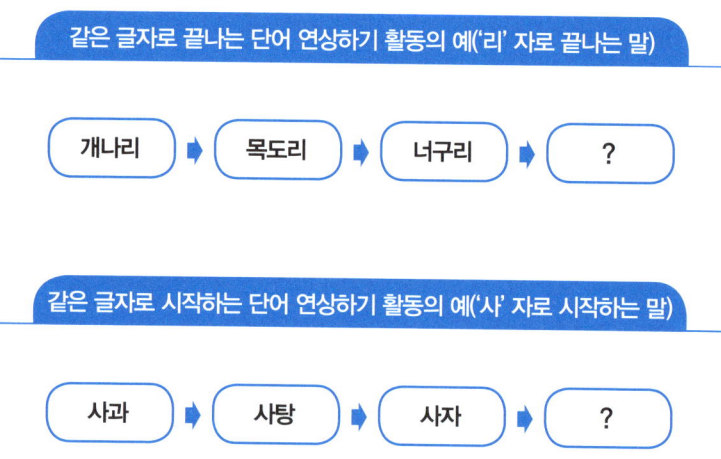

말놀이 ④ 단어 연상하기 활동

하나의 주제와 연관된 단어를 연상하며 말하는 활동을 통해 아이의 어휘력도 함께 점검할 수 있어요. 처음에는 어려움을 느낄 수도 있지만 자연스럽게 단어를 하나둘씩 말하게 됩니다. "마트에 가면~ 우유도 있고, 시장에 가면 우유도 있고, 바나나도 있고…." 이렇게 운율을 넣어 시작합니다. 마트 외에도 도로, 바다, 공원 등의 친숙한 범주의 어휘를 함께 떠올리며 말할 수 있어요.

1단계)

"우리 마트에서 볼 수 있는 것들을 모두 말해 보자! 마트에 가면, 바나나도 있고~"

"우유도 있고."

"양파도 있고."

"과자도 있고."

2단계)

"우리 마트에서 볼 수 있는 것들을 모두 말해 보자. 앞에 나왔던 것들을 기억하면서 말하는 거야. 먼저 해 볼까? 마트에 가면~"

"마트에 가면, 바나나도 있고."

"(아이가 말한 단어를 기억하며) 바나나도 있고, (새로운 단어를 강조하며) '포도'도 있고."

"바나나도 있고, 포도도 있고, 우유도 있고."

"너무 잘했어! 바나나도 있고, 포도도 있고, 우유도 있고, 사과도 있고…."

말놀이 ⑤ 수수께끼 활동

아이는 정답을 말하는 과정에서 재미를 느낍니다. 정답을 맞힐 때 성취감이 커지고요. 수수께끼를 맞히기 위해서는 상대의 말에 집중할 수 있어야 합니다. 그리고 상대방의 질문에 대해 적절한 대답을 해야 하지요. 처음에는 아이가 문제를 맞히면서 방법을 익히고, 이후에 아이가 문제를 낼 수 있도록 유도해 주세요. 엄마가 아이에게 내는 문제가 아이에게 이후(아이 스스로 문제를 낼 때)의 모델링이 됩니다.

수수께끼 활동 설명 예시

단어	설명(무엇일까요?)
수박	이것은 여름에 먹는 거예요. 동그랗고 커요. 겉은 초록색과 검은색 줄무늬가 있어요. 자르면 빨간색 동그라미 안에 검은색 씨가 있어요. 이것은 무엇일까요?
토끼	이것은 동물입니다. 귀가 길고 눈은 빨간색이에요. 흰색도 있고 갈색, 검은색, 그 외 다른 색 털을 가지고 있어요. 꼬리가 짧아요. 이 동물은 달리기를 잘해요. 동화 속에서는 거북이와의 경주에서 졌어요. 이 동물은 누구일까요?
당근	이것은 채소예요. 주로 주황색이고 길쭉한 세모 모양이에요. 땅속에서 자라요. 이것은 토끼가 좋아해요. 우리도 이것을 먹으면 눈이 좋아진다고 해요. 여러 가지 요리에 넣어서 먹거나 고기를 먹을 때는 된장이나 고추장에 찍어서 먹기도 해요. 이것은 무엇일까요?
안경	이것은 눈이 잘 보이지 않을 때 쓰는 도구예요. 두 개의 알과 다양한 테가 있어요. 이것은 무엇일까요?
스마트폰	이것은 전화도 할 수 있고, 문자 메시지도 보낼 수 있어요. 얼굴을 보며 영상통화 할 수 있어요. 네모 모양이고 접을 수 있는 것도 있어요. 크기도 다양해요. 이것은 무엇일까요?

초성 게임, 단어 받침 바꾸기

말놀이 게임을 조금 더 체계적으로 구성하면 음운인식 활동이 될 수 있습니다. 음운인식 활동이란 말소리를 합치거나 분리, 또는 바꾸어서 조작하는 거예요. 유아기의 아이는 음소(예: '가'는 'ㄱ'과 'ㅏ'가 합쳐진 소리 이해하기) 단위보다 음절(예: '나비'는 '나'와 '비'가 합쳐진 단어) 단위를 더 쉽게 이해하고 조작할 수 있습니다. 아이가 글자에 관심을 보이고 음절 단위보다 더 세부적인 음소 단위를 조작할 수 있다면 다음 활동을 해 보세요.

1) 초성 게임

초성 게임은 글자의 앞소리(앞 글자)를 듣거나 보고 그에 해당하는 단어를 말하는 방법으로 진행해요. 아이의 한글에 대한 지식을 테스트하는 시간이 아닌, 소리와 글자를 듣고 말하며 즐기는 시간이에요. 부모님이 먼저 화이트보드를 활용하여 글자 자석을 붙이면서 게임을 진행한다면 아이가 더 쉽게 이해하고 활동에 참여할 수 있습니다. 화이트보드에 'ㄱ', 'ㅅ' 낱자를 붙이거나 글자를 써서 다음과 같이 활동해요.

"어떤 단어를 만들 수 있을까? 엄마가 먼저 해 볼게. '가수'."

"엄마, 너무 어려워요. 같이해요."

"좋아, 그럼 엄마랑 같이 단어를 더 만들어 보자. '가수, 가시, 기사….' 또 어떤 단어가 있을까? (아이가 단어의 의미를 정확히 알지 못하더라도 아이의 말을 그대로 적으며) 기사? 고사? 구사? 거사? 좋아! 엄마가 다 적을게. 아, '공사'도 있다! 그치? 엄마가 공사도 적어 볼게."

2) 단어의 받침 바꾸기

단어의 받침을 추가하거나 바꾸어서 단어를 만드는 거예요. 노랫말도 바꾸어 부를 수 있습니다. 특히 'ㅇ' 받침을 더하면 아이는 더욱 말소리에 대한 흥미를 느낀답니다.

"받침 'ㅇ'이 들어간 단어가 무엇이 있을까? '땅콩'이 있네?"

"똥, 방구, 응가도 있어요."

"맞아, 정말 그렇구나. 단어에 받침 'ㅇ'을 넣어 보면 어떨까? 〈산토끼〉 노래에 받침 'ㅇ'을 넣어 볼까?"

"어떻게 해요?"

"상통낑 통낑양~ 엉딩룽 강능냥."

"깡충깡충~ 아빠, 모두 받침 'ㅇ'이 들어가요!"

> **이렇게 해 주세요**

어휘 촉진 놀이로 이어지는 낱말카드 놀이

낱말카드는 4~7세 아이에게 유용한 말놀이 도구가 될 수 있습니다. '낱말카드' 외에도 '실물카드, 사물카드, 단어카드' 등 형태는 비슷하지만 이름은 다양합니다. 대부분 앞면에 실물 사진이나 그림이 있고 뒷면에 글자가 있어요. 낱말카드로 한글과 친숙해질 수 있습니다.

1. 다섯 고개/열 고개 게임 ⇨ 수수께끼

- 아이와 함께 카드를 뒤집어 보세요. 그리고 한 장의 카드를 뽑습니다. 상대방에게는 보여 주지 않아요.
- 뽑은 카드에 대해 설명해요. 상대방이 이해할 수 있는 단어로 구성된 문장으로 설명합니다. 문장의 길이보다 내용에 초점을 맞

취 주세요.

- 아이가 설명하는 것을 어려워하면 다섯 고개 또는 열 고개 게임을 해 보세요. 동물의 경우, "다리가 네 개인가요?", 과일의 경우, "빨간색인가요?", 교통기관의 경우, "바퀴가 네 개인가요?"와 같이 질문할 수 있지요. 다섯 고개(5번의 질문과 답)부터 시작하는 거지요.
- 처음에는 아이가 "예/아니오."로만 답하기 힘들 거예요. 답의 예시도 함께 들려주세요. 게임의 방법과 규칙을 알아 가면서 아이의 의사소통 기술도 향상시킬 수 있습니다.

2. 같은 종류끼리 모으기(예: 범주, 같은 글자 수, 같은 자음으로 시작하는 낱말)

- 사진과 함께 카드 뒷면에 글자가 있다면 글자도 활용할 수 있어요. 먼저 '과일, 야채, 사물, 의류, 신발 등'의 같은 범주의 말을 모아 보세요. '의류'의 경우 '입는 것', '사물'의 경우 각 사물의 용도를 아이에게 설명합니다.
- 낱말카드 뒷면에 쓰인 글자를 활용해서 '같은 글자로 시작하는 말'을 모아 보세요. 처음에는 음절 수준에서 시작하다가(예: 가지, 가방…) ⇨ 음소 수준으로 단어를 모아 주세요(예: 'ㄱ' ⇨ 가지, 공, 기차…).

3. 메모리 게임

- 3~6개의 카드를 나란히 배열합니다(예: 2×3, 3×3, 3×4 등).
- 카드를 다시 뒤집어 주세요. 카드 뒷면에 글자가 있다면 포스트잇으로 가려 주세요.
- 각 낱말이 어디에 있는지 상대방의 지시에 따라 찾아보세요(예: "가방은 어디에 있을까요?") 아이가 질문에 대한 카드를 뒤집었다면 칭찬과 격려의 말을 전해 주세요.
- 아이에게도 지시를 내리게 하세요. 카드의 위치를 찾지 못하는 듯 실수하는 척 연기를 한다면 아이가 더욱 흥미를 갖고 참여할 수 있을 거예요.

아이의 어휘력을 키워 주는 책 읽기

36개월 미만의 아이를 양육하는 부모님께 "아이에게 책을 읽어 주는 이유가 무엇인가요?"라는 질문을 드리면 대부분은 "말을 빨리 틔워 주기 위해서요."라고 대답하십니다. 그 안에 상호작용과 애착 형성도 포함되어 있지만, 책을 읽음으로써 아이의 언어발달을 촉진하고자 하는 바람이 있는 거지요.

양육자를 대상으로 진행하는 교육 현장에서 "말도 느리고 아직 한글도 모르는데 책으로 어떻게 언어자극을 해 줘야 할까요?"라는 이야기를 종종 듣습니다. 정보를 찾으면 찾을수록 학습에 관련된 광고만 눈에 띄고 다른 아이들이 혼자 책을 술술 읽는 모습을 보면 우리 아이와 비교하기도 합니다.

아이에게 책을 읽어 주는 것만으로도 언어자극을 줄 수 있을까요? 또한 책을 읽어 주는 이유가 아이의 학습만을 위한 것일까요? 아이가 성장할수록 책 읽는 시간은 자연스럽게 학습과 연결되기 마련입니다. 배경지식의 확장, 한글 읽기와 쓰기, 수, 그리고 사고력과도 연결되지요. 아이에게는 이러한 '학습적인' 연결 고리가 부담으로 느껴질 수도 있어요. 더구나 느린 아이에게는 글자 자체가 부담이 될 수도 있고, 왜 모르냐고 답답해하는 부모의 말에 더더욱 책 읽기에 대한 흥미를 잃을 수도 있습니다. 부모의 질문을 통해 지식을 확인받는 빈도가 늘어날수록 아이는 부담스러울 수밖에 없겠지요. 부모의 시선으로도 아이가 흥미를 잃어 가는 모습이 보이지만 학습을 재촉하기도 합니다.

저는 '책육아'를 다루기보다, '책 읽어 주기'의 중요성을 함께 살펴보고 그 방법을 알아보고자 합니다. 4~7세 시기는 책 이외에도 아이의 성장을 돕는 요소들을 골고루 접해야 하는 시기예요. '책육아'는 양육자에게 책에 대한 심리적인 부담감을 더할 수 있기에 아이를 위한 '책 읽어 주는 시간'을 제안합니다.

"책을 읽을 때, 아이와의 대화가 중요하다고 알고는 있지만, 방법을 잘 모르겠어요."

"책을 읽을 때마다 아이가 한글을 얼마나 알고 있는지 확인하고 싶은 마음이 앞서요."

"아이가 좋아하는 책보다 나중에 학교에 가면 도움이 될 만한 책, 언어자극에 도움이 되는 책부터 먼저 읽어 주고 싶어요."

이러한 궁금증과 생각을 가지고 계시는 부모님이 많습니다. 아이가 초등학교 입학을 앞두고 다른 아이들과 더 비교하거나 조급해지기도 하고요. 느린 아이에게 책을 읽어 줄 때 핵심이 있습니다. 바로 상호작용이에요. 수많은 양육서와 부모 교육에서 강조하는 단어이기에 친숙하게 느껴지겠지만 실제로 책을 읽으면서 상호작용을 유도하기란 쉽지 않아요. 그렇다고 걱정부터 하지는 마세요. 부담은 버리고 차근차근 아이의 성향과 관심사에 따라 책 읽기를 시도해 보세요.

어휘력이 자라는
독서 환경 만들기

책을 읽으면 아이의 어휘력이 성장한다는 이야기를 듣곤 합니다. 그래서 많은 부모님이 아이와 함께 책 읽는 시간을 가지기 위해 도서관에 가기도 하고, 서점에 가서 책을 사기도 하지요.

하지만 처음의 결심과는 다르게, 책을 꾸준히 읽는 일은 쉽지만은 않아요. 책 읽는 습관을 만들기까지도 힘들고요. 피곤하거나 아이의 컨디션이 좋지 않은 날도 있지요.

'책을 읽어 주면서 어휘력을 높여야지'라는 포부도 좋지만, 우선은 편안한 마음으로 시작해 보세요. 어휘력이 자라나는 책 읽는 환경은 이렇게 준비할 수 있습니다.

책 읽는 환경 만들기

책장

아이의 손이 닿을 수 있는 높이가 적절합니다. 책장에 반드시 책이 가득 채워지지 않아도 괜찮습니다. 아이가 선호하는 책부터 몇 권씩 놓으며 '아이와 함께' 채우는 과정을 가져 보세요. 책장 한쪽에 엄마와 아빠가 읽고 있는 책을 놓으며 '우리 가족만의 책장'을 만들어 간다면 책을 더욱 자주 꺼내 읽는 습관을 만들 수 있습니다.

책 바구니

책장이 부담된다면 언제든 꺼내 볼 수 있도록 책을 담을 적당한 크기의 바구니를 준비해 보세요. 거실, 침실, 아이의 방으로 이동이 가능한 도서관이 완성됩니다. 아이가 장난감을 가지고 놀다가도 바구니에서 책을 꺼내 읽고, 자기 전 책을 읽고 자는 습관을 기를 수 있어요. 1~2주에 1회씩 책장이나 책 바구니에 넣을 책을 아이와 함께 골라 담는 날을 정해 활용해 보세요.

책을 읽어 주는 시간은 일정한 때를 정하는 편이 좋습니다. 아이가 책에 집중할 수 있는 때에 읽어 주는 거지요. 따로 그 시간을 만들기 어렵다면, '등원 전 시간, 간식 먹고 난 후, 저녁 시간'과 같이 일상 안에 책 읽기 시간을 자연스럽게 넣으세요. 일정한 때를

정한 경우라도 아이가 책을 읽어달라고 할 때는 '언제든' 책을 읽어 주세요.

도서관 또는 서점 나들이

아이와 함께 도서관이나 서점 나들이를 해도 좋아요. 책 읽기에 대한 거부감을 낮추고 친밀도를 높여 줍니다. 아이가 선택한 책 주변에 있는 다른 책도 함께 탐색하면서 관심사도 넓힐 수 있지요. 다양한 종류의 책을 탐색하고 필요한 책을 찾아보는 경험도 가능합니다. 한 공간에서 책을 읽는 다른 이들의 모습도 아이에게 좋은 본보기가 됩니다.

아이와 함께 서점 또는 도서관에 방문하는 날을 정해 보세요. 간혹 서점에 방문할 때 아이가 주변의 장난감을 사고 싶다고 조를 때도 있을 거예요. 어떤 책을 구매하거나 대여할지 미리 이야기를 나누고 난 후 방문하세요. 서점에서 책을 보고 사기도 하면서 좋은 습관을 기를 수 있어요.

미디어 잠시 끄기

아이와 함께 책을 읽을 때는 책에 집중할 수 있는 환경을 만들이 주세요. TV는 잠시 끄고 서로의 목소리에 집중하도록 합니다. 스마트폰 또한 눈에 보이지 않는 곳에 잠시 두세요. 스마트폰을 확인하는 대신, 아이가 책의 어느 부분을 보고 있는지 살펴보고 함께 이야기를 나누어 보세요. 짧은 시간이라도 우리 아이를 위한 더욱 효율적인 책 읽기 시간을 만들 수 있습니다.

아이가 책과 친밀해지는 데 가장 좋은 본보기는 엄마와 아빠가 책을 읽는 모습이에요. 부모님 스스로 스마트폰이나 TV를 보는 모습보다 종이책을 넘기며 읽는 모습을 보여 주세요. 처음에는 습관을 들이기에 쉽지 않을 수 있습니다. 집 안 곳곳에 아이의 책만 있는 것이 아니라 엄마와 아빠의 책도 함께 자리하고 있는, '읽는 환경'을 만들어 보세요. 책을 읽는 엄마와 아빠의 모습은 아이의 기억 속에 저장될 거예요. 그 모습은 "책을 읽어야 한다."라는 백 마디 말보다 더 강력한 힘을 가지고 있답니다.

어휘가 자라는 책 읽기 시간

표지 탐색하기

책 읽어 주기는 표지를 보고 탐색하는 시간부터 시작됩니다. 책 표지에는 제목, 저자 이름, 아래에 출판사명이 있지요. 작가가 전달하고자 하는 핵심 메시지가 책 표지 안에 담겨 있는 경우도 있습니다. 먼저 책 표지의 그림을 보고 이야기를 나누어 보세요.

"여기 바다가 있네. 엄마랑 아빠랑 지난여름에 바다에 갔을 때 생각난다. 할머니가 무엇을 하고 있는 걸까?"

참고: 《할머니의 여름휴가》(안녕달, 창비)

"어머, 여기 여자아이가 화가 많이 났나 봐. 왜 화가 났을까? ○○(이)는 화가 날 때 어떤 표정을 지어? 엄마가 화가 났을 때는 표정이 어때?"

참고: 《소피가 화나면, 정말 정말 화나면》(몰래 뱅, 박수현, 책읽는곰)

"(글자를 가리키며) 여기 '기역, 니은, 디귿'이 있네. 움직이는 것 같아. ○○(이)도 엄마랑 같이 글자 본 적이 있지?"

참고: 《움직이는 ㄱㄴㄷ》(이수지, 길벗어린이)

이렇게 아이의 관심을 끌 수 있도록 대화해 보세요. 그리고 함께 손가락으로 짚으며 책 제목 읽기, 알고 있는 글자 찾아보기, 책 제목의 글자 수 세어 보기와 같은 활동으로 이어 가세요.

작가마다 어린이 독자에게 전하고자 하는 메시지에 따라 책의 표지 색깔이 달라질 수 있어요. 책을 읽고 난 후에 앞표지와 뒷표지의 색깔 변화를 살펴보거나 표지 바로 다음 장인 '면지'의 변화 (예: 색깔, 주인공의 모습, 배경의 변화 등)를 살펴보는 재미도 느낄 수 있습니다. 빨리 책의 글자를 읽어야 한다는 마음을 갖지 않아도 아이와 함께 풍성한 책 읽기 시간을 만들 수 있어요.

아이가 책 읽기에 익숙해지면 "엄마, 이 그림 전에도 봤어요!"라고 말하며, 같은 작가나 시리즈의 책을 알아보는 경우도 있습니다. 이러한 과정을 통해 아이는 '읽는 한 개인', 독자로서 성장하는 발판을 만듭니다.

아이가 책 표지를 탐색하기보다 내용을 궁금해한다면, 책 내용을 보여 주세요. 책 표지를 탐색하는 시간은 조금씩 늘릴 수 있습니다. 오늘은 책 표지의 그림을 보고 함께 경험을 나누었다면, 다음에는 제목을 짚으며 내용을 예측할 수 있지요.

"어떤 내용인지 우리 같이 보자. ○○(이)가 표지를 넘겨 줄래? 내가 볼 수 있도록 천천히 넘겨."라고 말하며 아이가 직접 표지를 넘기면, 책을 읽는 속도를 조절하며 함께 읽을 수 있습니다. 부모님이 먼저 '책 읽기=글자 읽기'라는 틀을 벗는 것은 어떨까요? 글자를 읽으며 지식을 전달해야 한다는 부담감을 덜어 낸다면 훨씬 즐거운 책 읽기 시간을 만들 수 있을 거예요.

책 읽어 주기

아이에게 책을 읽어 줄 때, 부모의 '맑고 고운 목소리'가 필수는 아닙니다. 명료하게 문장이 전달될수록 아이에게 잘 들리지만 소위 말하는 '예쁜 목소리'나 '흉내를 잘 내는' 능력을 갖추어야만 책을 읽어 줄 수 있는 것은 아니에요.

아이가 관심을 보이는 그림이나 내용에 함께 관심을 가지고 아이가 책과 친숙해질 때까지 기다릴 수 있는 마음이 필요합니다. 이 두 가지는 단번에 만들어지지 않습니다. 아이와 책 읽는 시간이 많아질수록 이러한 긍정적인 경험과 자산이 차곡차곡 쌓입니다.

덜어 내야 할 것이 있다면 책을 읽으면서 아이에게 무언가를 가르쳐 주고, 이를 확인하려는 하는 마음입니다. "이게 뭐야?" 하는 질문 대신에 아이가 무엇에 관심이 있는지 살펴보고 호응해 주세요. 책 읽어 주는 시간은 엄마의 '물음표(질문)'보다 '느낌표(감탄)'로 채워야 합니다.

이렇게 해 주세요

책 읽기 10가지 원칙

1. 그림을 먼저 살펴보기

아이가 그림에 몰두할 수 있도록 이끌어 주세요. "이게 뭐지? 뭘까?", "눈이 내리고 있네. 주인공이 어디로 가고 있는 걸까?", "(손가락으로 가리키며) 얘가 이 책의 주인공인가 봐. 이름이 뭐였지? 책 제목에서 같이 찾아보자."

2. 엄마와 아빠의 목소리로 읽어 주기

언어발달이 느린 아이에게는 특히, 말소리를 듣는 경험이 중요합니다. 어색하지만 동물 소리나 사물의 소리(예: 자동차 소리)를 흉내 낸다면 아이가 더욱 귀를 쫑긋 세울 거예요. 형제자매와 함께한다면 즐거움이 더욱 커집니다. 각기 읽기 수준과 관심도가 다르지만,

부모님의 말소리는 언어발달의 자원이 될 수 있어요.

3. 활동 가능한 책을 활용하기

아이가 집중하는 데 어려움을 보인다면, 퍼즐북이나 플랩북처럼 같이 활동할 수 있는 책으로 시작해 보세요. 대화하는 듯 읽을 수 있는 그림책도 책 읽기에 집중하는 데 도움을 줍니다. 《너는 아, 나는 오!》(존 케인, 북극곰), 《잠자는 책》(세드릭 라마디에, 길벗어린이), 《절대로 누르면 안 돼》(빌 코터, 북뱅크)와 같은 책도 좋습니다. 이러한 책들을 통해 장난감과 같이 조작하며 대화를 이어 가면 아이의 흥미를 유도할 수 있습니다.

4. 아이의 질문에 설명하기

아이가 모르는 단어의 뜻을 물어본다면, 그 단어의 의미를 설명해 주세요. 읽고 있던 책을 잠시 펼쳐 놓고, 사전을 찾아보아도 괜찮습니다. 책을 읽는 흐름이 끊어질까 봐 염려하지 마세요. 오히려 단어의 의미를 더 깊이 이해하고 자신의 것으로 만들 수 있는 시간이 될 거예요.

5. 아이의 참여를 유도하기

아이가 글에 관심을 보이고, 스스로 읽기를 하고 싶어 하나요? 그리고 "내가 읽을 거야."라고 말하기 시작했나요? 그렇다면 아이가 알고 있는 글자를 함께 짚어 보세요. 아이에게 읽을 기회를 준다면, 스스로 읽고자 하는 마음이 더욱 커집니다. 책 안에 '가' 단어가 나온다면 '가'를 아이가 읽을 수 있도록 잠시 멈춰 주세요. 아이가 문장을 서툴게라도 읽기 시작했다면, 번갈아 읽어 보세요. 이때 아이가 문장을 외워서 읽는 척하는 모습을 보이더라도 괜찮아요. 충분한 지지와 격려를 보여 주세요.

6. 책과 노래를 연결하기

'가을'에 대한 책을 읽는다면 가을과 관련된 동요를 함께 부릅니다. 책 속에 허수아비가 나왔다면 "하루 종일 우뚝 서 있는, 성난 허수아비 아저씨." 하고 노래를 불러 보는 거지요. 아이는 아름다운 노랫소리보다 조금 어색하고 서툴지만 부모가 직접 불러 주는 소리를 더 오래 기억합니다. 관심을 더 보일 수 있고요. 노래를 부를 때 율동과 함께한다면 노래 가사에 나오는 어휘를 몸으로 직접 배울 수 있는 시간이 될 거예요.

7. 자연에서 책 읽기

책 읽기는 실내에서만 할 수 있는 것은 아니에요. 야외에서 읽는 그림책은 생생한 자연을 느낄 수 있습니다. 특히 '지식책'을 읽을 때, 아이는 식물 연구가가 될 수 있지요. 우주에 관련된 책을 읽는다면 우주 행성이 나온 벽보를 활용하고, 곤충 책을 읽는다면 곤충 벽보나 도감을 함께 읽어 보세요. 아이에게는 실제로 만지고, 체험하며, 느끼는 경험이 필요합니다. 이름과 개념을 외우는 것에서 벗어나 자신만의 지식으로 만들 수 있어요.

8. 2~3초 여유 두기

책의 다음 장을 넘기기 전에 2~3초의 여유를 두세요. 뒷 내용을 예측하며 읽으며 잠시 작가가 될 수 있습니다. "다음에는 어떻게 될 것 같아?" "어떡하지? 어떤 일이 생길까?" 이렇게 아이의 대답을 유도하는 질문과 함께 기다려 주세요. 아이가 예상한 내용과 결말이 다르더라도 아이가 상상하며 지어낸 이야기에 호응해 주세요.

9. 나눠서 읽기

책을 나누어서 읽어도 괜찮아요. 책 읽기는 책을 다 읽어야만 끝나는 '미션 테스트'가 아닙니다. 집에서는 늘 예상하지 못한 일이 발생할 가능성이 높지요. 이어서 책을 읽을 때는 앞 이야기를 잠시 정리해 주세요. 아이가 내용을 기억할 수 있는 다리가 됩니다. 아이는 때로 책에서 무언가를 보다가 갑자기 그림을 그릴 도구를 찾기도 합니다. 책과 관련된 그림을 그리고 싶은 아이의 마음을 읽어 주세요. 읽었던 책을 끝까지 그 자리에서 읽지 않아도 괜찮아요. 책 읽기의 주도권은 아이에게 양보해 주세요.

10. 취침 전에는 차분한 내용의 책 읽기

자기 전에는 이야기의 흐름이나 내용이 잔잔한 책을 읽어 주세요. 주인공이 싸우거나 흥분할 만한 줄거리보다 《잠이 오는 이야기》(유희진, 책소유)처럼 하루를 편안하게 정리할 수 있는 책이 좋습니다. 엄마와 아빠의 사랑을 아이에게 전달할 수 있는 《오늘도 너를 사랑해》(이누이 사에코, 비룡소)와 같은 그림책 또한 서로를 격려하는 말과 스킨십으로 하루를 마무리하기에 좋아요. 아이가 선택한 그림책을 읽으며 자기 전에 읽어 보세요. 잔잔한 책을 통해 서로 격려하고 안아 주는 시간이 될 거예요.

TIP

책 읽기를 돕는 엄마의 말

- "○○랑 같이 읽어서 더 재밌네."
- "글자를 다 안 읽어도 괜찮아. 엄마가 읽어 줄게. 잘 들어봐."
- "(표지를 보며) 어떤 내용일 것 같아? 여기 그림을 먼저 볼까?"
- "책 내용을 다 기억하지 않아도 괜찮아. 아빠랑 언제든지 또 읽을 수 있어."
- "(읽는 중간에, 2~3초 쉬고) 다음에 어떻게 될 것 같아?"

어휘가 자라나는
독후 시간

    독후활동은 책 읽기에 있어서 빼놓을 수 없는 주제입니다. 조금 더 어린 시기에는 '책놀이'를 어떻게 해야 할지 고민이 되었다면, 4~7세 시기가 되었을 때는 또 다른 고민이 생깁니다. 아이와 함께 책을 읽은 후에는 책과 관련된 멋진 작품을 만들게 하거나 짧은 독후감을 쓰게 하고 싶어지기 마련입니다. 온라인에서 멋진 독후활동을 한 모습을 보면 비교하는 마음이 들기도 합니다. 책을 읽고 나면 아이가 얼마나 책을 이해했는지를 확인하고 싶기도 하고요.

    독후활동은 아이에게 책의 내용을 다시 떠올리는 데 도움을 줄 수 있습니다. 인상 깊었던 장면을 그리거나, 책을 읽은 느낌을 쓰면서 내용을 기억할 수 있지요. 그런데 이러한 장점을 가진 독후활동을 통해서 거창한 작품을 만들어야 하는 것은 아닙니다. 아이와 함께 책을 읽고 난 후 이야기를 나누는 시간 그 자체만으로도 독후활동이 될 수 있어요.

결과물에 집중하기보다 아이와의 대화에 초점을 두고자 하는 마음가짐이 부모에게 필요합니다. 아이에게는 책의 내용을 묻는 질문에 대답하거나 책의 내용과 관련된 독후감 쓰기, 미술작품 만들기 등의 활동 등이 어렵게 느껴질 수 있어요.

조급해하지 말고 천천히 시작하세요. 처음엔 아이가 잘 볼 수 있는 곳에다 책을 두고 점점 아이와의 거리를 좁혔던 것처럼 마음 편히 독후활동을 할 수 있도록 이끌어 주세요.

아이가 먼저 일상에서 책을 즐겁게 읽은 경험을 갖고, 인상 깊은 장면이 떠올리면 그림으로 표현하는 시간을 편히 가질 수 있도록 유도해 주세요. 무조건 함께 읽었던 책에 대한 활동으로 이어지지 않아도 괜찮습니다. 무엇보다 '아이가 주도하는 시간'이 되어야 합니다.

독후활동을 할 때 대화가 길게 이어지지 않더라도 실망하지 마세요. 앞서 살펴보았던 것처럼 책에 대한 호감도와 함께 읽었다는 즐거운 경험이 이후에도 자연스럽게 독후활동으로 이어지게 할 수 있습니다.

이렇게 해 주세요

박사가 되는 시간

읽은 책과 관련된 벽보, 포스터, 사진을 거실 벽에 붙여 주세요. 예를 들어 우주에 관련된 책을 읽었다면, 행성이 나온 벽보를 벽에 붙이는 거지요. 아이가 이해한 속도에 맞게 우주 이야기를 듣고 나누는 시간을 가질 수 있습니다. 지식책이 아닌 이야기책을 읽고 난 후에도 줄거리와 관련된 사진이나 그림을 활용할 수 있어요.

배경지식은 한꺼번에 많은 양이 쌓이지 않고, 아이의 머릿속에 조금씩 저장되어 갑니다. 지식이 쌓이는 속도가 빠르지 않아도 아이만의 속도가 있지요. 아이의 지식이 조금씩 담기려면 오히려 엄마의 인내심이 담긴 그릇이 커져야 할 때도 있습니다. 아이의 속도대로 지식을 담고, 담긴 지식을 소화할 수 있도록 이끌어 주세요. 엄마의 언어로 다시 설명하거나 해당 내용을 다시 읽는 과정을 가질 수 있습니다. 이러한 과정을 통해 아이는 지식을 단순히 암기하는 것이 아니라, 삶에서 소화할 수 있습니다.

작가가 되는 시간

이야기의 다음 내용을 상상해 보세요. 그림이나 말로 표현하면서 시작할 수 있어요. 주인공을 바꾸어 보거나 이야기의 앞 내용도 좋습니다. 이렇게 아이가 작가가 되는 시간을 갖다 보면 책에 대한 호감도가 높아집니다. 아이가 주도적으로 책 이야기를 펼치기에 제격이지요. 아이는 어른의 지시에 따라 독후활동을 하는 과정을 넘어서 자신의 생각을 적극적으로 펼칠 수 있을 거예요.

도서관 행사나 지역 책방 행사를 통해 직접 '작가와의 만남'에 참석하는 것도 좋아요. 어떤 작가가 책을 만들었는지, 책이 어떻게 만들어지는지를 탐구해 볼 수 있어요. 작가가 되기도 하고, 작가의 팬이 되기도 하면서 아이는 책을 사랑하는 마음을 키웁니다.

큐레이터가 되는 시간

아이가 읽은 책을 동생이나 친구에게 소개하는 시간을 만들어 보세요. 반려동물이나 애착 인형과 함께하면 좋아요. 아이가 소개하는 모습을 영상에 담아서 같이 보는 것도 추천합니다. 아이가 소개하는 책 내용이 정확하지 않더라도 귀 기울여 주세요. 책 내용을 빠뜨리거나 문법에 맞지 않는 말을 할 수도 있어요. 그러면 아이가 소개한 내용을 다시 한번 부모님이 정리해서 말해 주세요.

탐험가가 되는 시간

책에서 가을 열매를 보았다면 직접 가을 열매를 찾아보고, 봄에는 벚꽃과 함께 봄의 풍경을 눈에 담아 보세요. 책에서 만났던 개미나 매미 등 곤충을 직접 찾아볼 수도 있지요. 박물관이나 전시관에서도 하나의 주제에 대해 깊이 있게 탐구할 수 있습니다. 천문학, 생태, 한글, 과학 등 다양한 박물관에 직접 방문해서 여러 체험을 해 보세요.

사색가가 되는 시간

《책과 노는 아이》(필립 브라쇠르, 한울림)의 저자는 '어린이 독서 권리 10계명'을 말합니다. 어린이에게는 '책을 읽지 않을 권리, 페이지를 건너뛸 권리, 책을 끝까지 읽지 않을 권리… 읽고 나서 아무 말도 하지 않을 권리'가 있다고 합니다. 아이에게는 책을 읽고 난 후에 침묵하는 시간도 필요합니다. 책의 내용을 담고, 기억하고, 차근차근 떠올릴 수 있는 여유를 허락해 주세요.

책을 읽고 나서는 어떤 결과물을 만들기보다는 다시 소화시키는 시간이 필요해요. 읽었던 책의 내용을 오디오로 들으면서 등장인물의 상황과 표정, 감정을 상상해 보세요. 우리 아이가 더욱 생생하게 주인공의 상황을 이해하는 데 도움이 될 수 있습니다. 특히 이솝우화나 전래동화를 읽고 오디오로 듣는 경험은 아이가 이야기를 재해석하는 계기를 마련해 줍니다. 다시 한번 책을 읽을 수도 있고요. 아이가 책을 더 잘 소화시켜 아이 것으로 만들 수 있는 시간을 만들어 보세요.

쓰기와
친해지는 시간

    4~7세는 마음껏 소근육을 움직이고 다양한 필기도구를 써 보는 시기입니다. 하지만 쓰기를 시작하면서 아이는 막막함부터 느끼는 경우가 많습니다. 책 읽기보다 쓰기를 더 거부하기도 하고요. 쓰기에서도 아이의 호기심과 즐거움이 우선입니다. 이 시기의 아이는 자신이 움직이는 대로 선이 따라가거나 색칠하는 과정에서 재미를 느낍니다.

    3~4세 무렵에는 글자를 짚어 읽는 흉내를 내며 책에 대한 개념을 익히기 시작합니다. "이 글자는 'ㅅ'이야. 이 글자는 'ㅏ'야. '사'라고 읽어." 이렇게 낱자 하나의 이름과 소리를 다 알지 않더라도 어른이 책을 읽어 주면 글자를 가리키기도 하지요. 등원할 때 자신

의 이름이 쓰여 있는 신발장 칸에 신발을 놓고, 가방이나 물병에 있는 자신의 이름을 가리키며 읽는 듯한 모습을 보입니다. 이러한 과정이 반복되면서 아이는 글자를 '읽고', 이후에 '쓸 수 있다'고 생각하게 되지요.

4~5세가 되면 보다 적극적으로 쓰기를 시도합니다. 획순이 맞지 않지만 자신의 이름을 스스로 써 보기도 하고, 'ㄷ'이나 'ㄹ'을 반대 방향으로 쓰더라도 따라 쓰려고도 합니다. 쉽고 친숙한 주제부터 책 읽기를 시작했듯이 쓰기도 마찬가지입니다. 친숙한 주제에서부터 시작해 함께 써 보세요. 이때 부모님에게는 아이 스스로 할 수 있도록 지켜보는 마음의 여유가 필요합니다. 4~7세는 학습을 위한 근육을 기르는 시기입니다. 다음과 같은 방법으로 쓰기에 대한 호감도를 높여 보세요.

주의력을 먼저 길러 주세요

4~7세의 아이에게는 손의 힘을 조절하거나 선을 똑바로 긋는 게 쉽지 않아요. 선 긋기, 따라 쓰기 또는 부모의 지시를 듣고 따르는 활동을 하면서 집중력을 길러 주세요. 때때로 아이 마음대로 글자나 그림이 완성되지 않아서 속상하다고 하는 경우가 있습니다.

이럴 때는 "많이 속상했구나. 우리 다시 해 볼까? 처음에는 어려울 수 있어. 엄마랑 같이 써 보자."라고 다독이며 아이의 마음이 차분해질 수 있도록 곁에서 함께해 주세요. 다음의 예시처럼 부모의 말을 듣고 따르는 활동을 하면서 주의력을 기를 수 있습니다. 또 반대로 아이가 부모에게 지시를 내려 놀이로 이어 갈 수 있습니다.

"동그라미를 그려 보세요."

"동그라미 안에 숫자 1을 써 보세요."

"동그라미 안에 세모를 그려 보세요."

무엇이든 재료가 될 수 있어요

주변에서 쉽게 접할 수 있는 도구를 활용해 보세요. 아이는 소근육이 약해 연필을 잡는 것 자체가 어려울 수 있어요. 종이에다 연필로 쓰지 않아도 괜찮습니다.

사포 위에 쓰기

사포 위에 크레파스나 색연필을 활용해 써 보세요. 글자의 테두리를 만든 후, 아이가 테두리 사이를 색칠하며 글자를 익힐 수 있도록 해 주세요. 그러면 이후에 아이가 스스로 글자를 모방하여 쓸 수 있어요.

모래 위에 쓰기

물총 또는 아이의 손가락으로 함께 쓸 수 있어요. 모래 위에 쓸 경우에는 함께 써 주세요. 아이의 손가락으로 쓸 때도 아이의 손을 잡고 먼저 써 주세요. 엄마나 아빠가 쓴 글자 위에 아이가 손가락으로 따라 쓰며 글자를 익힐 수 있습니다.

돌 위에 쓰기

물총으로 쓰거나 주변의 풀, 꽃, 나뭇가지를 활용해서 글자를 만들어요. 물총으로 글자를 쓰거나 하천 주변을 산책한다면 물을 손가락에 묻혀요. 넓은 돌 위에 나뭇가지, 풀, 꽃 등을 활용하여 이름을 써 보세요.

화이트보드에 쓰기

자석글자로 글자를 먼저 만든 후, 따라서 보고 쓸 수 있어요. 자석글자를 활용하면 아이가 쓰기에 대한 부담 없이 글자를 만들어 볼 수 있습니다. 특히 'ㄷ'과 같은 자음의 방향을 익히는 데 유용해요.

친숙한 이름부터 시작하기

앞서 사용했던 도구로 아이에게 익숙한 이름이나 단어부터 써 보세요. 아이의 이름, 엄마와 아빠의 이름, 조부모님의 이름, 그리고 친한 친구의 이름을 부모가 먼저 써 보세요. 이후에 아이가 글자를 보고 자석글자로 만들어 볼 수 있습니다.

'가지, 바나나, 오이'와 같이 받침이 없는 단어를 만들면서 옆에 그림을 그릴 수 있어요. 또는 '나무, 바다, 차'와 같은 단어도 함께 써 봅니다. 아이의 손을 잡고 그림을 그리거나 부모가 그려 주세요. 글자를 자연스럽게 노출하면서 글자의 수를 세거나 읽는 활동으로도 이어질 수 있답니다.

쉽고 친근한 단어 목록

- 이름: 아이 이름, 엄마/아빠 이름, 할머니/할아버지 이름, 반려동물 이름
- 음식: 가지, 바나나, 오이, 고구마, 우유, 두부, 배, 고기, 주스, 토마토
- 장소(자연 & 동물): 바다, 비, 나비, 개구리, 토끼, 오리, 새, 까치, 매미, 거미
- 교통수단: 차, 기차, 버스, 오토바이
- 사물: 의자, 바구니, 사다리, 가위, 마스크, 지우개
- 의류: 치마, 바지, 모자, 구두, 코트

부모가 대신 써도 괜찮아요

아이가 책을 읽고 나면 단 한 줄이라도 아이가 자신의 느낌을 적었으면 좋겠다는 바람이 커지기 마련입니다. 아이의 속마음을 이해하고 싶은 마음도 들고요. 이러한 엄마의 바람과는 다르게, 아

이는 경험한 일이나 생각을 글로 적는 활동에 부담감을 느껴요. 하루 동안의 일들을 말로 표현하기도 힘들고 단번에 생각이 떠오르지 않기도 하거든요. 아이와 함께 다음과 같이 이야기를 나누어 보세요.

"(사진을 함께 보며) 우리 언제 갔다 왔었지?"
"여름에, 여름방학 때."
"여기가 어디야?"
"바다."
"누구와 함께 갔지?"
"엄마, 아빠, 동생이랑."
"그곳에서 뭘 봤을까?"
"물, 게, 소라."
"어떤 소리가 들렸어? 냄새가 어땠어?"
"파도 소리도 철썩철썩, 바다 냄새(짠 냄새)가 났어."

그러고 난 뒤에 아이와 나눈 이야기를 적어 주세요. '바다, 물, 게, 소라, 파도' 등의 단어를 적고, 문장을 만들어 봅니다. 아이는 바다의 모습을 그림으로 표현해요.

"여름방학 때 바다에 갔다. 바다에는 물, 게, 소라가 있었다. 철썩 철썩 파도 소리가 들렸다. 바다 냄새가 났다."

다 쓴 일기를 엄마가 아이에게 읽어 줍니다. 아이가 그린 바다 그림을 왼쪽에 붙이면, 한 편의 일기가 완성됩니다. 그리고 다 쓴 일기를 읽어 주세요. 쓰기 활동은 '말하기'로 시작할 수 있습니다. 아이의 말을 경청하고 기록해 주세요. 아이와 함께 완성한 일기를 모아서 한 권의 책이 완성될 수 있어요.

'아이와 함께 쓰기'는 아이가 글자를 아는지 모르는지 점검하기 위한 활동이 아닙니다. 그 시간은 아이와의 대화를 통해 말하기, 듣기, 읽기, 쓰기의 고리를 이어 가며 대화의 꽃을 피우는 순간임을 잊지 마세요.

놀이를 통해 배우는 아이들

"아이들은 놀이가 밥이다. 아니다, 아이들은 놀이가 목숨이기 때문이다."

_《아이들은 놀이가 밥이다》(편해문, 소나무)

'4~7세 시기에는 마음껏 뛰어놀아야 한다. 아이들은 놀이를 통해 배운다'는 말이 있습니다. 아이를 양육하면서 자주 듣는 말이에요. 하지만 '아이와 함께 자주 놀아야지'라고 결심해도 이를 실천하기는 생각보다 쉽지 않습니다. 초등학교 입학을 앞두게 되면 더더욱 학습에 대한 부담감이 커지면서 부모님은 '노는 시간에 하나라도 더 배웠으면…' 하고 바라게 되지요. 특히 우리 아이에게는 놀이가 아니라 학습이 더 필요하다고 생각하기도 하고요.

여기에서는 누구에게나 친숙한 '역할놀이, 조립놀이, 바깥놀이' 시간을 통하여 아이와 재미있게 상호작용하며 '놀이'하는 방법을 알아 가고자 합니다. 놀이의 사전적 의미는 '여러 사람이 모여 즐겁게 노는 일. 또는 그런 활동'이에요. 무언가를 가르쳐 주려는 마음보다 '즐겁게 놀고자 하는 마음'으로 시작해 보세요. 오히려 더 풍성하고 오래 지속되는 놀이 시간으로 만들어질 거예요.

역할놀이

역할놀이는 재미보다는 학습이 우선시되는 경우가 많아요. 정해진 놀이의 규칙과 제한 때문에 아이가 오히려 흥미를 잃을 수도 있으니 유의하도록 합니다. 역할놀이는 아이의 인지와 언어발달에 유익합니다. 알고 있는 어휘를 직접 사용할 수 있고, 무엇보다 그 안에서 다양한 사회적인 표현을 배울 수 있어요. 요리 놀이를 하며 각 재료의 이름을 말하고 소개할 수 있고, 마트 계산대 놀이를 하면서 자연스럽게 숫자 세기와 화폐 계산을 접할 수 있습니다. 교육적인 관점에서 보자면 가장 실제적이고 생생한 배움의 현장이 됩니다.

기술이 발전하면서 다양한 교육용 콘텐츠를 통해서도 역할놀이를 체험할 수 있습니다. 화면 속 주인공과 음성으로 대화를 나누거나 텍스트로 이야기를 나누는 방식으로요. 그럼에도 4~7세 아이에게는 디지털이 아닌 실제 또래와 함께 소통하며 놀이하는 시간이 필수입니다. 서로 역할을 정하고, 기다리며 조율하고, 놀이에 몰입하는 경험을 쌓아 주세요.

① 듣고 기다리기

역할놀이는 서로의 역할을 정해서 말을 주고받는 시간입니다. 무엇보다 말하고 듣는 것이 중요하지요. 상대방의 말(질문, 경험, 생각)을 듣고 적절하게 반응하고 다시 상대방의 말을 기다리는 경험을 쌓아 가야 합니다. 유아기일 때는 자신의 차례를 지켜서 말하는 것이 어렵습니다. 특히 아이와 어른의 대화가 서로 중복되는 경우, "지금은 엄마(또는 엄마가 맡은 역할)가 말할 차례야. 상대방이 말할 때는 잘 들어야 해. 그래야 ○○(이)가 하는 말도 잘 전달될 수 있어."라고 말해 주세요.

평소 자신의 말에 바로바로 반응해 주었던 경험이 쌓였다면 아이는 차례 지키기를 쉽게 배웁니다. 교구와 교재의 수보다 이러한 경험이 중요해요. 물론 부모 입장에서는 즉각적으로 반응하는 게 번거롭기도 합니다. 그렇다고 과격한 행동이나 큰 소리로 말할 때만 부모가 반응한다면 아이는 이를 학습할 수 있어요. 부모의 반응을 이끌어 내기 위해 행동과 목소리가 커지기도 합니다. 부모가 경청하면 아이도 경청하게 됩니다. 잘 듣는 아이일수록 상황에 맞게 반응하고, 유창하게 말할 가능성이 높아집니다. 조금 느리고 천천히 말하더라도 잘 들어주는 분위기를 만들어 보세요.

② 질문하며 정보 요청하기

아이에게는 원하는 정보를 얻기 위한 질문 자체가 힘들 수 있어요. 무엇이 궁금한지, 궁금한 것에 대한 정보를 상대방에게 어떻게 요청할지에 대한 정리가 필요할 수도 있고요. 아이의 곁에서 질문하는 방법을 알려 주세요.

"~한 상황에서는 이렇게 물어보는 거야."라고 친절하게 설명해 주는 방법도 있지만, 역할놀이라는 상황에서 아이에게 직접 질문하는 상황을 자주 만들어 주세요. 아이는 질문에 답하는 과정을 통해서 스스로 질문하는 방법을 터득할 수 있습니다.

상대방에게 적절한 질문을 하기 위해서는 상대방의 질문에 적절한 답을 하는 경험이 쌓여야 합니다. 앞에서 살펴보았던 '듣고 기다리는' 시간과 함께 상대가 '어디, 누구, 무엇, 언제, 왜, 어떻게' 등의 의문사가 포함된 질문에 적절하게 답할 수 있도록 대화 시간을 충분히 만들어 주세요.

③ 질문에 적절하게 답하기

언어치료를 하다 보면 부모님으로부터 "대답은 안 하고 제 질문을 계속 따라 해요.", "질문에 대한 답을 바로바로 하는 걸 힘들어해요.", "질문하면 딴짓하거나 다른 데를 보고 있어요."와 같은 고민을 자주 듣습니다.

역할놀이를 할 때 질문에 적절하게 답하기 위한 선행 기술이 있습니다. 바로 '상대방의 질문을 주의를 기울여서 듣고, 대답할 말(또는 단어)을 즉각적으로 인출해서, 말로 전달할 수 있는 기술'이에요. 다음 사항을 점검해 보세요.

- 질문의 난이도가 적절했는가.
- 아이가 '무엇, 어디, 누구, 언제, 왜, 어떻게'를 이해하는가.
- 아이가 질문에 답할 수 있을 정도의 어휘를 평소에도 사용하는가.

이 세 가지를 함께 점검하면서 아이에게 질문해 보세요. 아이가 답하기 힘들어하면 놀이를 하면서 자연스럽게 적절한 답을 들려주세요. 단어 카드를 활용한 학습식 활동보다 더욱 즐겁게 대화를 주고받는 시간을 만들 수 있을 거예요.

매끄러운 대화를 위한 경청의 기술

4~7세 무렵의 아이와의 대화는 아이의 예상치 못한 말로 인해 부모에게 웃음을 주기도 하지요. 단어를 엉뚱하게 사용해도 아이 스스로 전혀 알아채지 못할 때도 있습니다. 부모의 말을 그대로 따라만 하기도 하고요.

아이와의 대화하는 게 늘 유쾌하기만 한 것은 아닙니다. 아이가 묻는 말에 대답하지 않을 때는 답답한 마음이 들지요. 그래서 아이를 다그칠 때도 있습니다. "엄마가 묻는 거 들었어, 안 들었어?" "몇 번을 묻는 거니? 아까도 말했잖아." "지금 바쁘니까 아빠한테 물어봐." 순간적인 감정으로 짜증을 내버려 금세 미안한 마음이 들 때도 있지요.

이럴 때는 한 발짝 멀리서 생각해 볼 수 있습니다. 제3자의 입장에서 아이와의 대화 상황, 아이가 전하고자 했던 말, 부모의 상황, 그리고 아이가 부모의 말을 이해할 수 있었는지를 살펴보세요. 아이와 대화를 더욱 자연스럽게 주고받기 위해 다음 사항을 한번 살펴보고 실천해 봅시다.

매끄러운 대화를 위한 규칙

1) 이해하기 쉬운 질문으로 시작하기

아이가 질문을 이해하지 못했을 경우, 부모의 질문을 기억하고 있는지 확인해 보세요. "내가 어떤 것을 물어보았지?"라고 확인한 후, 질문을 다시 한번 들려주세요.

2) 다그치거나 재촉하지 않기

아이는 한 가지 주제를 일관적으로 말하는 게 어려울 수 있어요. 대화의 주제가 갑자기 전환된다면, 아이를 다그치지 말고 현재 대화 주제를 자연스럽게 마무리해 주세요.

3) 여러 상황을 연습하기

언어발달이 느린 아이는 대화 차례 지키기, 기다리기, 질문의 의도를 파악하는 데 서툴 수 있습니다. 3명 이상의 대화 상대자가 있다면 더 혼란스러워합니다. 아이가 대화에 집중할 수 있도록 엄마나 아빠와의 대화를 통해 기반을 다져 주세요.

4) 여유를 갖고 기다리기

아이가 질문에 즉각적으로 답을 하지 못하더라도 기다려 주세요. 아이가 답을 생각하고 있다면, 아이의 생각에 다리를 놓아 주세요. "어디 갔었지?"와 같은 질문에 대답이 어려운 경우, "우리 올 때 뭐 탔어? 뭐를 봤지?" 또는 "'버'로 시작하는 말이야."와 같은 단서를 줄 수 있어요.

5) 경청하는 분위기 만들기

대화 기술이 서툴더라도 아이는 대화의 분위기는 느낄 수 있습니다. 가정 안에서 서로의 이야기에 귀 기울이는 작은 문화를 만들어 주세요. 대화 기술의 기본은 '경청'입니다.

느린 아이를 위한
대화 기술

아이를 양육하면서 어려운 순간 중 하나는 아이의 마음을 알지 못할 때입니다. 아이가 왜 화가 났는지, 울고 있는지, 투정을 부리는지를 알고 싶지만, 정확한 이유를 알 수 없을 때가 많지요. "왜 울어?", "왜 화가 났어?", "왜 짜증이 났어?"라고 다그치다가도 심호흡을 크게 한 후, "차근차근 말해 봐. 괜찮아." 나긋하게 다시 말해 보지만, 아이의 반응은 크게 달라지지 않습니다. 부모도 아이도 답답하고 좌절감만 느껴집니다.

아이의 마음 읽기

아동발달 전문가들은 '아이의 마음 읽기'를 권합니다. 관련 주제의 책을 읽거나 영상을 볼 때는 아이의 마음을 잘 읽어 줄 수 있을 것만 같았는데, 그 과정이 쉽지만은 않지요. 마음만 읽어 주었다가 아이의 생활 습관이 잡히지 않을까 봐 또는 올바른 훈육을 하지 못할 것 같은 염려만 커집니다. 천천히 배우는 우리 아이의 마음은 어떻게 읽어 줘야 할까요?

아이의 마음 읽어 주기는 무조건적인 "그랬구나." 하는 공감이 아닙니다. 아이가 울거나 투정을 부리는 상황이 아닌 일상생활에서 아이를 잘 관찰해 보세요. 아이가 어느 상황에서 울음을 보이는지, 어떤 놀이를 할 때 가장 즐거워하는지, 특정 상황에서 요구하는 것이 있는지를 세밀하게 살펴보세요. 다음 페이지의 도표에 제시된 것처럼 다양한 장소와 상황에서 아이의 행동과 표정을 읽어주세요.

아이는 부모가 자신의 마음을 읽어 주는 말을 듣고 그 경험을 차곡차곡 쌓아 갑니다. 타인에게 자신의 감정을 매끄럽게 전달하는 방법은 가정에서 먼저 익힐 수 있지요. 부모는 아이가 상대방을 배려하면서 자신의 감정을 적절하게 표현할 줄 아는 성인으로 자라나기를 바랍니다. 이러한 성인으로 성장하기 위해서는 가정 안에

> **마음을 읽는 대화법**

- 식사할 때: "배가 많이 고팠구나. 많이 먹어.", "배가 부르구나. 이제 그만 먹을까?", "기다리기 힘들지? 계란프라이 다 만들었어."
- 산책할 때: "킥보드 타러 나오니까 좋지? 상쾌하다.", "갑자기 벌이 날아와서 깜짝 놀랐겠다. 엄마가 안아 줄게."
- 거실에서 대화할 때 : "동생이 장난감을 망가뜨려서 속상하지? 엄마가 동생에게 잘 이야기해 줄게.", "피곤하구나? 장난감 정리하고 엄마랑 같이 씻고 자자.", "(할머니와 영상통화 후) 할머니 댁에 또 가고 싶지? 할머니 보고 싶다 그렇지?"
- 병원에 갈 때: "많이 기다려서 지루하지? 엄마가 작은 목소리로 책 읽어 줄게.", "주사가 아플까 봐 겁이 나는구나. 엄마가 옆에 있어 줄게."
- 마트에서 떼를 쓸 때: "젤리가 사고 싶구나. 그렇지만 젤리는 집에 있어서 오늘은 안 살 거야. 다음에 사자."
- 놀이공원 갈 때 : "놀이공원에 오니까 기분이 좋지? 설레겠다.", "갑자기 비가 와서 실망했겠다. 속상하지?"

서 자신의 감정에 대해 지지받았던 경험이 있어야 합니다. 아이의 감정을 읽어 주세요. 아이와의 일상에서 쉽게 시작할 수 있습니다.

몸짓과 표정 읽기

아이의 말을 경청하는 모습을 보여 주세요. 아이가 속상한 일을 이야기할 때, 아이에게 공감하는 마음을 눈빛으로 표현해 주세요. '네 이야기에 귀를 기울이고 있어. 공감하고 있어'라는 마음을 전달해 주세요.

영유아기의 몸짓과 동작은 언어를 배우는 데 유용한 도구예요. 24개월 미만에는 베이비 사인(baby sign)을 통해 몸짓으로 표현할 수 있어요. 아이는 더욱 몰입해서 부모의 동작에 집중하고 함께 전달하는 단어를 잘 이해할 수 있습니다. 4~7세 시기 아이도 몸짓으로 전달하는 데 흥미를 보입니다. 노래를 부르며 다양한 율동을 하면서 노랫말을 더 쉽게 이해하고 외우기도 하지요.

아이가 단어를 떠올리기 힘들어하면 동작도 함께 표현해 주세요. '크고-작고, 길고-짧고, 두껍고-얇고'와 같은 말부터 '먹기, 앉기, 자기, 입기, 걷기' 등의 동작을 표현해 볼 수 있습니다. 아이와 동요를 부르며 동작을 만들고, '하늘을 나는 모습, 코끼리의 모습, 우는 아기의 모습' 등을 흉내 내는 놀이를 함께해도 좋습니다.

어휘를 사용할 수 있는 환경 만들기

4~7세 아이의 언어발달 평가를 의뢰받으면, 부모님께 아이가 평소에 어떤 단어를 주로 사용하는지를 묻습니다. 그러면 "평소에

말이 느리다고만 생각했지 어떤 말을 주로 하는지 모르겠네요.", "매일 비슷한데… 생각해 보니 아이 말을 주의 깊게 듣지 못한 것 같아요."와 같은 대답을 자주 듣습니다. 그리고 많은 부모님이 "아이가 말이 없어서… 집에서 어떻게 하는 게 좋을까요?"라고 되묻습니다.

자연스러운 의사소통 환경은 매우 중요합니다. 아이가 외워서 단어를 사용하기보다는 필요와 동기에 의해 단어를 적절하게 사용할 수 있어야 합니다.

어휘 사용 유도법

가정에서 아이가 자연스럽게 단어를 말하는 기회를 만드는 게 힘들게 느껴질 수도 있어요. 이를 위해서는 다음과 같은 과정이 필요합니다. 차근차근 시도해 보세요.

자주 사용하는 어휘 살피기

아이가 현재 자주 사용하는 단어를 살펴보세요. 예를 들어 아이가 최근 바다 생물에 대한 관심을 많이 보인다면, 관련 놀이를 하거나 《바다 100층짜리 집》(이와이 도시오, 북뱅크)과 같은 책을 읽으며 이야기해 보세요. 일상에서 바다 생물의 사진이나 그림, 모형을 볼 수 있다면 "이게 뭐였지? 이름이 잘 안 떠오르네." 아이에게

넌지시 설명을 유도해 보세요. '바다 생물의 이름, 살고 있는 곳, 모양, 먹이' 등에 대한 이야기로 가볍게 시작할 수 있습니다.

새롭게 배운 단어가 있다면 함께 기록하기

아이는 나날이 새로운 단어를 보고 배웁니다. 책에서뿐만 아니라 기관 안에서도 다양한 단어를 듣고 접해요. 또래 안에서도 새로운 단어를 사용할 수 있습니다. 아이가 새롭게 말하는 단어가 있다면 기록하세요. 평소에는 크게 신경 쓰지 않고 지나쳤지만 주의를 기울여보면 새로운 단어가 점점 늘고 있다고 느낄 거예요.

단어 사용 상황 만들기

기존 어휘와 새로 배운 단어를 언제, 어떻게 사용할까요? 일상에서 가장 적용하기 좋은 상황은 역할놀이를 할 때예요. 아이는 구조화된 상황에서 단어를 반복해서 익힐 수 있어요. 관련 단어의 도감이나 사전을 함께 만드는 방법도 활용할 수 있습니다.

단어 사용 상황 만들기

- **바다 주제의 단어:** 아기 상어 놀이, 낚시 놀이, 수영
- **음식 주제의 단어:** 주방 놀이, 식당 놀이(요리사 놀이)
- **곤충/우주/세계 수도 주제의 단어:** 도감 책 보기, 도감 만들기, 지도 만들기

단어에 대한 힌트 제공하기

아이에게 단어에 대한 힌트를 제공해 주세요. 의미를 설명하거나(의미적 단서), 단어의 첫 글자를 알려 주는(음운적 단서) 방법을 활용할 수 있습니다.

힌트 예시

- **의미적 단서의 예시:** '공항'=비행기를 타는 곳
- **음운적 단서의 예시:** '공항'='공'으로 시작하는 단어

일상에서 단어를 자주 노출하기

사용하기에 적절한 상황에서 단어를 자주 노출할수록 아이가 기억하기 쉽습니다. 아이가 이해할 수 있는 범위 내에서 단어의 의미도 함께 설명해 주세요. 단어를 배울 때 반복적으로 듣는 경험은 아이에게 많은 도움이 됩니다.

다양한 방법으로 단어를 체험하기

'가을'과 관련된 단어를 어떻게 하면 쉽게 이해하고 표현할 수 있을까요? 관련 하위 범주어(예: 단풍잎, 은행잎, 낙엽, 도토리, 다람쥐, 밤, 솔방울)를 그림 그리기, 낙엽 밟기, 낙엽으로 나무 꾸미기 등의 활동으로 익힐 수 있습니다. 일상에서 단어를 보고, 듣고, 만지며

이해하고 표현할 수 있도록 유도해 주세요.

질문보다는 자연스럽게 말을 주고받기

아이는 대화를 통해 어휘 능력의 기반을 튼튼하게 다질 수 있습니다. 식사를 하면서 반찬의 색과 맛을 표현하는 단어를 찾아보세요. 또 아이와 등·하원 길이나 산책 중에도 식물의 이름, 모양, 열매에 대한 이야기를 나눠 보세요.

대화 예시

- **식사할 때:** "김치가 잘 익었네.", "반찬이 짭조름해.", "떡볶이가 매콤달콤해."
  → "너는 맛이 어땠어?"
- **등·하원길이나 산책할 때:** "해바라기가 키가 크네.", "감이 탐스럽게 익었어.", "단풍잎이 빨갛게 물들었네."
  → "오늘은 감이 어떤 것 같아?", "단풍잎이 어떤 색으로 변했어?", "해바라기의 키가 어때? 더 커진 것 같아?"

대화로 놀이하며
키우는 어휘력

상담할 때 다음과 같은 질문을 하시는 부모님이 많아요.

"아이와 어떤 주제로 대화를 나누어야 할지 이제 조금은 알 것 같아요. 그런데 대화를 길게 쭉 이어 가는 게 어려워요. 아이도 지루해하는 것 같고요. 어떻게 해야 할까요?"

언어발달이 느린 아이는 대화를 시작한 뒤 유지하기를 힘들어합니다. 대화할 때 항상 역할놀이 도구나 카드가 있는 건 아니니 한계가 있지요. 아이와 함께하는 대화를 놀이와 게임으로 연결해 보세요. 특별한 도구가 따로 준비되지 않더라도 집중해서 듣고 말한다면 재미있는 시간이 될 수 있어요.

대화로 놀이하기

대화 놀이는 언제, 어디서든 가능합니다. 이동 중이나 등원길, 자기 전 등 아이와 함께하는 모든 공간에서 대화로 놀이와 게임을 할 수 있어요.

1) 퀴즈놀이: 나는 무엇(누구)일까요?

① 아이가 평소에 잘 알고 있는 단어를 설명합니다. 아이가 친숙함을 느끼는 범주의 단어를 선택해 보세요.
　예) '음식 – 과일, 야채, 간식, 빵', '동물—육식동물, 바다에 사는 동물, 하늘을 나는 동물, 땅(속)에 사는 동물', '식물 – 나무, 꽃'
② 아이가 동물에 관심이 많다면, 동물 중 하나를 생각한 후 아이에게 설명합니다.
　예) 이것의 다리는 네 개입니다. 꼬리가 긴 것도 있고 짧은 것도 있습니다.
　　⇨ 아이가 질문에 대답하기 어려워한다면, 더욱 구체적인 힌트를 주세요.
　　⇨ 이것은 '멍멍' 소리를 냅니다(또는 '야옹' 소리를 냅니다).
③ 아이가 정답을 말했다면 칭찬해 주세요. 정답을 떠올리기 힘들어한다면 정답의 첫 번째 음절을 들려주세요.
　예) '강'으로 시작하는 세 글자의 동물이야.

④ 순서를 바꾸어 아이가 문제를 낸 후, 부모가 답해 보세요. 아이가 처음에는 문제를 내는 게 서툴 수도 있어요. 아이가 도움을 요청했다면, 함께 설명하는 문장을 만들어 보세요.
⑤ 간혹 아이가 문제를 내면서 자신도 모르게 정답을 말할 때도 있습니다. 그럴 때 부모의 목소리로 정답을 들려주세요. 게임 방법에 익숙해질수록 문제를 내다가 정답을 말하는 빈도가 줄어들 거예요.

* 추천 교구 : 〈듣기왕 퀴즈쇼〉, 조소윤, 박정주 외, 와이즈박스

2) 역할놀이 : 리포터(아나운서), 기상 캐스터, 큐레이터

아이에게는 무언가를 '설명'하는 과정이 쉽지 않아요. 자신이 알고 있는 것을 명료하게 전달하고, 상대방에게 필요한 정보를 말하는 데는 꾸준한 연습이 필요합니다. 리포터, 기상 캐스터, 큐레이터가 되는 시간을 통하여 아이가 알고 있는 정보를 자연스럽게 전달할 수 있는 기회를 마련해 주세요.

리포터 놀이: 기관(유치원, 어린이집)에서 있었던 일 전달하기

"오늘 뭐 배웠어? 뭐 했어?"와 같은 질문에 아이가 "몰라요."라고만 답을 하나요? 아이의 키즈노트 사진 중 한 장을 선택해 보세요. 사진 속에 함께 있는 친구의 이름, 선생님, 반 이름을 먼저 말해요. 사진을 보며 어떤 활동을 하고 있는지, 기분이 어땠는지에 대한 이야기를 나눕니다.

그러고 난 뒤 엄마가 먼저 리포터 역할을 맡습니다. 사진을 함께 보며 "이곳은 어디인가요? 옆에 있는 친구는 누구인가요? 무엇을 하는 모습인가요?" 하며 질문합니다. 아이가 대답하는 모습을 영상으로 담아 보세요. 다음 차례는 아이가 스스로 기자가 되어 보게 해 주세요.

사진을 TV로 연결해서 큰 화면으로 보여 주세요. 아이가 더욱 현장감을 느끼며 리포터 역할을 할 수 있습니다. 이외에도 여행, 캠핑, 아이가 요즘 관심을 보이는 주제를 전달하는 놀이로 이어 갈 수 있답니다.

기상 캐스터 놀이: 어제, 오늘, 내일의 날씨 전달하기

4~7세 시기에는 때(언제)에 대한 질문에 답을 정확하게 전달하기 힘들어요. 어른은 '저번에', '지난번에', '엊그저께'와 같은 표현을 쉽게 사용하지만, 아이는 지난 일과 앞으로의 계획을 구별하여 전하기 힘들어요. 그럴 때는 달력을 활용해 보세요. 어제, 오늘, 내일 날씨를 함께 이야기하면 '때'에 대한 기억을 더욱 명확하게 할 수 있습니다.

날씨와 관련된 표현은 아이에게 익숙하고 쉬운 단어부터 시작합니다. '눈, 비, 해'와 같은 단어부터 '덥다, 춥다, 따뜻하다'와 같은 일상적인 표현으로 말해요. 함께 일기예보를 보면서 오늘의 날씨를 확인해 보세요. 그러고 난 후, '오늘' 양옆에 '어제(←)'와 '내일(→)'을 각각의 화살표로 표시합니다.

아이가 단번에 어제와 내일 개념을 이해하는 데 어려움을 보이더라도 반복해서 말해 주세요(예: "어제는 날씨가 맑았는데, 오늘은 비가 오네.", "내일은 다시 비가 그치고 맑아진대."). 함께 외출할 때마다 때와 날씨 이야기를 나눈다면, 관련 어휘와 함께 '때'에 대한 개념을 익힐 수 있습니다.

날씨를 확인한 뒤에는 내가 사는 지역의 날씨를 소개하는 활동으로 이어 갈 수 있어요. 부모가 뉴스 진행자가 되어서 "○○○ 기상 캐스터, 오늘의 날씨는 어떠한가요?"와 같은 질문으로 시작해요. 아이가 날씨 관련 어휘를 더욱 쉽게 떠올릴 수 있도록 비(우산), 눈(눈사람), 바람, 미세먼지 그림이나 사진을 함께 활용할 수도 있습니다.

기상 캐스터 역할을 하면서 좋아하는 날씨와 계절도 함께 소개해 보세요. "아빠가 좋아하는 날씨는 맑은 하늘에 시원한 바람이 부는 날씨야. 너는 어떤 계절이랑 날씨를 좋아해? 그때 무엇을 할 수 있어?" 이렇게 이야기를 나누면서 때, 날씨, 계절에 대한 어휘를 알차게 이해하고 사용할 수 있습니다.

큐레이터 놀이: 내가 그린 작품 소개하기

아이가 자신의 작품에 대해 소개하는 시간을 만들어 주세요. 아이와 함께 그림을 그리거나 만들기를 한 후, 엄마와 아빠가 먼저 작품에 대한 소개를 시작합니다.

"이 작품의 이름은 무엇인가요? 무엇으로 만들었나요? (작품의 일부를 손으로 가리키며) 이것은 무엇인가요? 왜 (빨강/파랑/보라/주황) 색으로 되어 있나요?" 이렇게 질문을 이어 가면 아이가 작품에 대해 더욱 자세하게 설명하는 시간을 가질 수 있습니다.

아이가 큐레이터가 된 모습을 영상에 담아서 다 함께 시청해 보세요. 우리 가족만의 유튜브 계정을 만들어서 영상을 업로드하면 영상을 주제나 작품에 따라 분류하여 모을 수 있습니다. 처음에는 부모의 도움을 받다가 아이가 주도적으로 이끌어가는 시간이 될 수 있도록 해 주세요.

3) 가라사대 게임

'가라사대 게임'은 어른과 아이가 서로 돌아가면서 지시를 내리고 따르는 게임입니다. 먼저 가위바위보를 통해 게임 순서를 정해 보세요.

"가라사대… 손 머리 위로 올려!"라고 지시하면 상대방은 지시를 듣고 손을 머리 위에 올립니다. 그리고 난이도를 점점 높여 보세요. 한 가지 동작에 익숙해지면 두 가지 동작을 지시할 수 있습니다. 서로의 지시를 듣고 기억하면서 재미있는 동작을 만들 수 있어요.

게임 예시

1단계 지시(한 가지 동작) ▶
- 손 머리 위로 올리세요.
- 한쪽 발로 서세요.
- 코끼리 코를 만드세요.
- 만세를 하세요.
- 몸으로 글자 '기역' 자를 만드세요.

2단계 지시(두 가지 동작) ▶
- 오른손은 머리 위로, 왼손은 허리에 대세요.
- 눈을 감고 코끼리 코를 만드세요.
- 한 발로 서서 머리 위에 손을 올리세요.

4) 이름 짓기 놀기

4~7세 아이는 직접 이름을 짓는 데 흥미를 느낍니다. 애착 인형이 있으면 자기 스스로 이름을 붙이기도 하지요. 처음에는 색깔이나 모양처럼 눈에 보이는 직관적인 특징, 발음하기 쉬운 정도(토끼→토토)에 따라 아이가 이름을 짓습니다. 6~7세가 되어 가면서 아이의 선호도와 상상력에 따라 다양한 이름이 만들어지지요. 다

소 엉뚱하거나 전혀 관련이 없는 이름이라도('토끼' 인형의 이름을 '어흥이'로 짓는 경우) 아이가 지은 이름을 지지해 주세요.

계절에 따라 더욱 다양한 이름을 지을 수 있습니다. 꽃, 새(까치 → 까까), 풀(강아지풀 → 수염풀), 겨울에는 눈사람의 이름을 지을 수 있어요. 아이에게는 이름을 짓는 과정이 모두 놀이예요. 아이에게 그런 이름을 지은 이유도 함께 물어보세요.

새로운 단어를 만드는 과정에서 아이는 말하는 데 자신감을 얻습니다. 어휘를 다양하게 사용하면서 새로운 단어에 대한 호기심과 호감도도 함께 높일 수 있을 거예요.

질문으로 키우는
어휘력

    4~7세는 질문이 많아지는 시기입니다. '왜, 어떻게'라는 질문을 끊임없이 하지만 바쁜 일상에서 아이의 질문에 제대로 대답하지 못하면 부모는 미안한 마음이 듭니다. 때로는 아이가 정말 궁금해서 물어보는지, 관심을 받기 위한 질문인지 혼란스러울 때도 있어요. 어떻게 대답해야 할지 막막하기도 합니다. 아이는 명료한 대답을 원할 때도 있지만, 대부분 대화 자체에 만족감을 느낍니다. 아이의 질문에 함께 고민하고 반응해 주세요. 함께 책을 찾아보거나 궁금한 자연 현상을 관찰하면서 답을 찾아간다면 아이의 만족도는 훨씬 더 높아질 거예요.

    아이가 궁금한 것을 묻고 그에 대한 답을 듣는 과정 안에서 어휘력도 함께 단단해져요. 학습에 있어서도 질문은 중요한 역할을 합니다. 자신이 무엇을 알고 있는지, 어려워하는지를 점검하는 능력은 이후 메타 인지(자신의 인지 과정에 대하여 한 차원 높은 시각에서 관찰·발견·통제하는 정신 작용)와도 연결될 수 있지요. 이러한 과정은 초등학교 입학 이후 학습의 자원이 됩니다. 질문을 통한 아이의 어휘력을 키우기! 이렇게 해 보세요.

질문으로 어휘력을 키우려면

'왜 그럴까'에 대한 배경지식 쌓기

아이에게 "왜 그럴까?"라는 질문을 했는데도 대답하지 않는 경우 질타하거나 한숨이나 침묵은 금물입니다. 이는 아이가 한 발 더 나아가는 데 걸림돌이 될 뿐입니다. 배우는 단계라는 사실을 잊지 말고 '왜 그럴까'라는 질문에 접근할 수 있도록 도와주세요. '왜'라는 질문은 호기심에서 먼저 시작됩니다. 아이가 자연, 계절, 동식물, 그 외의 주변 사물에 대해 관심을 가질 수 있도록 유도해 주세요. 부모와 대화를 나누는 과정에서 아이는 직접 관찰하고 싶은 마음이 커집니다. 함께 자연에서 보고, 느끼고, 책을 찾아보면서 배경지식을 알차게 채울 수 있어요.

지식 책과 도감 활용하기

주제	책 제목	저자(출판사)
우주	《나의 첫 번째 행성 이야기》	브루 베츠(미래주니어)
우주	《안녕, 나는 달이야》(시리즈)	스테이시 매카널티 (현암주니어)
우주	《우주로 간 발명 수업》	도미닉 윌콕스 (명랑한책방)
우리 몸	《우리 몸의 구멍》	허은미(길벗어린이)
우리 몸	《아기는 어떻게 생겨요?》	파울린느 아우드 (북드림아이)
곤충	《봄·여름·가을·겨울 곤충도감》	한영식(진선아이)
동물	《세밀화로 그린 보리 어린이 동물도감》 *동물 외 식물, 나무, 새, 풀 등의 도감 책도 함께 읽어 보세요.	남상호 외(보리)
동물	《신기한 똥 도감》	나카노 히로미(진선아이)

질문 이어 가기

날씨와 자연: "비는 왜 올까?", "눈은 왜 올까?", "눈사람은 왜 녹을까?", "나뭇잎의 색은 왜 변할까?", "달의 모양은 왜 변할까?", "밤은 왜 깜깜할까?", "바닷물은 왜 짠맛이 날까?"

동식물: "모기는 왜 피를 빨아먹을까?", "개구리는 왜 겨울잠을 잘까?", "벌레는 무엇을 먹을까?", "동물은 왜 옷을 입지 않아도 될까?"

우리 몸: "똥은 왜 눠야 할까?", "방귀는 왜 나올까?", "할머니 머리카락은 왜 하얀색일까?", "배꼽은 어떻게 생겼을까?"

세계: "가장 큰 나라는 어디일까?", "아프리카는 날씨가 왜 더울까?", "북극 사람들은 왜 이글루에서 살까?"

> **활동하기**
>
> **날씨와 자연:** 비가 내리는 과정을 그림으로 표현하기('화살표'를 사용해서 순서대로 표현해 보기)
> **우주:** 우주 행성 도감 만들기, 행성 노래 부르기(예: 주니토니-우주 동요)
> **동식물:** 동물의 먹이 책 만들기(또는 육식동물과 초식동물 표로 나누어 구분하기), 식물 도감 만들기(계절, 색깔에 따라 분류하기)
> **우리 몸:** 방귀가 나오는 과정을 그림으로 표현하기, 몸속을 그림으로 표현하기
> **세계:** 세계 지도에서 여행 가고 싶은 곳 표시하기, 세계 수도 노래 부르기, 각 나라의 수도 찾아보기

감정 어휘 이해하기

자신의 감정을 정확하게 표현하기 위해서는 감정을 이해할 수 있어야 합니다. 아이는 즐거움, 슬픔, 기대, 아쉬움, 화, 질투와 같은 감정을 느끼지만, 구체적인 언어로 표현하는 데 서툴 때가 많습니다. "왜 울어?" 질문에 "몰라요."라고만 답하거나 왜 화가 났는지에 대한 이유를 전달하지 못합니다.

그렇다면 감정 어휘를 어떻게 가르칠 수 있을까요? 감정을 표현하는 말을 자주 듣고 스스로 표현해야 합니다. 하지만 일상에서는 그냥 지나칠 때가 많습니다. 급한 불부터 끄자는 심정으로 아이의 울음을 멈추게 하는 데 더 에너지를 쓰게 되지요.

감정을 표현하는 말을 자주 들려주세요. 그림 카드를 활용하기

이전에 아이가 직접 경험한 상황에 대한 감정 어휘를 듣는다면 더욱 쉽게 이해할 수 있습니다.

상황별 감정 어휘

상황	X	O
아이가 친구에게 장난감을 양보하지 않을 때	"친구한테 양보해야지. 안 그러면 엄마가 새 장난감 다시는 안 사줄 거야."	"아끼는 장난감이라 친구에게 양보하기 힘들구나. 그러면 이번에는 친구랑 같이 놀까? 더 재미있을 거야."
기관 선생님으로부터 아이가 친구를 밀었다는 이야기를 들었을 때	"너 유치원에서 친구 밀었니? 왜 그랬어?"	"친구가 장난감을 가져가서 속상했구나. 그런데 아무리 속상해도 친구를 밀면 안 돼. 왜 그랬는지 엄마한테 말해 줄 수 있어?"
여행 가기 전 들뜬 모습을 보일 때	"왜 이렇게 흥분했어? 가만히 있어. 곧 출발할 거야."	"여행 갈 생각에 설레는구나? 아빠도 기분이 좋아. 우리 즐겁게 놀다가 오자."
블록이 마음대로 만들어지지 않자 블록을 던질 때	"블록을 왜 던지니? 네가 못한 거잖아. 화풀이하면 안 돼."	"블록이 마음대로 만들어지지 않아서 답답하겠다. 우리 다시 만들어 보자. 답답하면 숨을 크게 쉬어도 괜찮아."
아이가 새로운 곳에 가기 낯설어할 때	"부끄러워서 그러는 거야? 시간 지나면 괜찮아져. 씩씩하게 들어가야지."	"처음 오는 곳은 누구에게나 낯설 수 있어. 긴장도 되고. 다시 시작해 보자. 점점 잘할 수 있을 거야."

그림책을 활용해 감정을 예측해 보기

아이는 일상에서 느끼지 못했던 감정을 그림책 속 상황을 통하여 간접적으로 경험합니다. 책 속의 실제 배경 그림과 등장인물의 생생한 표정을 통해 아이가 알고 있는 감정 어휘도 끌어낼 수 있어요. 전래동화와 이솝우화 안에는 등장인물의 상황과 그에 따른 마음이 어우러져 있습니다. 사건의 순서, 원인과 결과가 분명한 이야기를 통해 아이는 보다 쉽게 감정을 파악할 수 있어요.

아이가 등장인물의 감정을 파악하기 힘들어한다면 등장인물의 상황을 함께 살펴보세요. 어떠한 상황에서 어떤 감정을 느꼈는지 연결해 보는 과정은 원인과 결과를 파악하는 데 도움이 됩니다. 아이가 자신의 감정에 대해 전달하기 위한 연습 과정이 될 거예요.

이솝우화와 전래동화 속 등장인물의 감정 예측하기

제목	상황	등장인물의 감정
토끼와 거북이	토끼가 잠을 자서 거북이가 달리기 경주에서 이김	· 토끼: 부끄러움 · 거북이: 뿌듯함
개미와 베짱이	베짱이가 일을 안 해서 겨울에 먹을 음식이 없음	· 개미: 뿌듯함, 베짱이가 안쓰럽고 돕고 싶은 마음 · 베짱이: 고마움, 부끄러움
흥부와 놀부	놀부 가족이 도깨비들에게 벌을 받아서 갈 곳이 없음	· 놀부: 미안함, 부끄러움 · 흥부: 형에 대한 사랑
은혜 갚은 생쥐	그물에 갇힌 사자를 생쥐가 도와줌	· 사자: 생쥐에 대한 고마운 마음

방귀쟁이 며느리	어느 곳에서나 방귀를 뀌는 며느리. 방귀 때문에 나무가 뽑히고 집이 날아감	· 며느리: 부끄러움 · 가족들: 당황스러움
팥죽 할머니와 호랑이	할머니가 집에 돌아오는 길에 호랑이를 만남	· 할머니: 두려움, 무서움
의좋은 형제	서로의 집에 벼를 나누어주다가 마주침	· 형제: 고마움, 감동

전래동화와 이솝우화뿐만 아니라 아이가 선호하는 그림책 속의 등장인물의 감정을 예측해 보세요. 외동아이라면 형제자매와 함께하는 일상을 배우고, 대가족이 나오는 그림책 안에서 조부모님의 사랑을 느낄 수 있지요. 반려동물과 함께하는 이야기 안에는 동물에 대한 가족애, 보호하는 마음, 그리움이 담겨 있습니다.

그림책 속 상황을 이해하고 등장인물이 느낀 감정을 살펴보는 과정은 공감 능력도 함께 길러 줍니다. 공감하는 마음이 없다면 대화를 이어 가는 데 한계가 있어요. 상대방의 상황을 잘 이해할수록 공감하는 말을 적절하게 전할 수 있습니다.

독서를 감정을 배우기 위한 학습으로 여기기보다 편안하게 대화를 나누는 데 초점을 맞춰 보세요. 초등학교 입학 이후에도, 이러한 시간을 꾸준히 가지면 어떨까요. 대화하는 시간이 쌓인다면 초등학교에서의 친구 관계, 학습에 대한 고민, 다양한 감정을 편안하게 공유할 수 있을 거예요.

이렇게 해 주세요

감정 표지판 만들기

준비물: 종이, 가위, 펜, 나무젓가락, 보관함(통)

1. 종이에 동그라미(얼굴)를 그립니다. 동일한 크기의 동그라미를 감정의 개수에 맞게 잘라요(예: 기쁨, 슬픔, 화, 속상함, 기대, 놀람→6개).

2. 아이와 함께 각 동그라미에 감정에 맞는 표정을 그립니다. 아이가 다양한 감정을 이해하기 힘들어한다면 '기쁨, 슬픔, 화' 3가지 감정에 대한 표정을 먼저 그려요.

3. 함께 만든 감정 표지판(얼굴) 뒤에 나무젓가락을 붙입니다.

4. 오늘 하루를 마무리하는 대화를 나누면서 울거나 화가 날 때의 감정을 선택합니다. 이때 아이가 감정에 맞는 그림을 가리킬 수 있도록 부모님이 유도해 주세요.

5. 아이와 함께 차분하게 느낀 감정에 대한 이야기를 나누어요.

감정 일기 쓰기

준비물: 스케치북이나 노트 한 권, 연필

1. 노트에 날짜, 요일, 날씨를 기록합니다. 글자 쓰기보다 그림 그리기를 더 선호한다면 스케치북을 준비하세요.
2. 오늘 가장 기억에 남는 일 또는 오늘 읽은 책 중 가장 기억에 남는 장면에 대해 이야기를 나누어요.
3. 아이의 이야기를 듣고 기록합니다. 아이는 그림으로 표현해요.
4. 아이의 그림을 보고 '어떤 상황이었는지', '어떤 마음이었는지', '왜 그렇게 느꼈는지'에 다시 한번 이야기를 나누어요.

《화가 나요》 책 만들기

준비물: 종이, 연필, 색연필

1. 아이와 함께 '언제 가장 화가 나는지, 화가 난 마음을 어떻게 표현하는지'에 대한 이야기를 나누어요. 각 상황에 대해 화가 나는 상황을 1~5점으로 표현하게 해 주세요(예: 동생이 물건을 빼앗을 때=4점).
2. "화를 어떻게 '잘' 표현할 수 있을까?"와 같은 질문과 함께 적절

한 표현 방법에 대해 이야기를 나눕니다. 그림책 《소피가 화나면 정말 정말 화나면》(몰리 뱅, 책읽는곰)을 활용해 보세요. 물건을 던지거나 상대방을 때리면 안 된다는 이야기도 함께 나누면서 화를 적절하게 표현하는 방법을 함께 고민합니다.

3. 화가 났을 때의 얼굴 표정과 함께 '내가 화가 나는 상황', '화가 났을 때 나의 표정과 행동', '멋지게 화를 표현하는 방법'에 대해 기록합니다. 간단하게 등장인물을 그리고 말풍선 안에 적절한 말을 적어 보세요. 아이의 표현을 부모가 그림이나 말풍선 안에 글로 표현해 주세요.

감정을 표현하는 말			
기뻐요	즐거워요	감동적이에요	행복해요
기대해요	감동이에요	고마워요/감사해요	사랑스러워요
긴장돼요	떨려요	부끄러워요	창피해요
슬퍼요	속상해요	무서워요	미워요
화나요	두려워요	짜증나요	질투 나요
지루해요	따분해요	답답해요	실망스러워요
궁금해요	당황스러워요	아쉬워요	시시해요
편안해요	안심돼요	뿌듯해요	만족스러워요

상상하는 힘 기르기

책 속의 등장인물이 되는 상상을 펼쳐 보세요. 아이에게 친숙한 이야기부터 다양한 주제의 이야기로 확장할 수 있어요. 정해진 답은 없습니다. 주인공뿐 아니라 다른 등장인물에 대한 이야기도 함께 나누어 보세요.

상상하기 예시 리스트

이야기 제목	질문
아기 돼지 삼형제	• 내가 첫째 돼지라면, 무엇으로 집을 지었을까? • 늑대가 나타났을 때 어떻게 했을까? • 내가 셋째 돼지라면, 첫째 돼지와 둘째 돼지를 도와줬을까?
여우와 두루미	• 내가 두루미라면 여우가 납작한 접시에 음식을 줬을 때 어떻게 했을까? • 내가 여우라면 두루미가 긴 병에 음식을 줬을 때 어떻게 했을까?
해와 달이 된 오누이	• 내가 오누이(오빠 또는 동생)라면, 호랑이가 나타났을 때 문을 열어 줬을까? • 내가 오누이(오빠 또는 동생)라면, 호랑이가 잡아먹으려고 할 때 어떻게 했을까? • 내가 동생이라면 해님과 달님 중 무엇이 되고 싶었을까? 그 이유는 무엇일까?
팥죽 할멈과 호랑이	• 내가 할머니라면 호랑이를 만났을 때 어떻게 했을까? • 내가 할머니라면 호랑이에게 어떤 음식을 줬을까?
양치기 소년	• 내가 양치기 소년이라면, 양을 지키다가 심심할 때 어떻게 했을까? • 내가 양치기 소년이라면, 늑대가 나타났을 때 어떻게 했을까? • 내가 마을 사람이라면, 양치기 소년의 말을 믿었을까?

제 꾀에 넘어간 당나귀	• 내가 당나귀라면, 짐이 무거울 때 어떻게 했을까? • 내가 당나귀 주인이라면, 당나귀가 꾀를 부릴 때 어떻게 했을까?
은혜 갚은 생쥐	• 내가 사자라면, 그물에 갇혔을 때 어떻게 했을까? • 내가 생쥐라면, 사자가 잡아먹으려고 했을 때 어떻게 했을까? • 내가 생쥐라면, 사자가 그물에 갇혔을 때 어떻게 했을까?

문제를 해결하고 스스로 생각하는 힘 기르기

아이는 문제를 해결할 때 뿌듯함을 느낍니다. 스스로 문제를 해결할 때, 자신감도 더욱 커지지요. 다소 엉뚱한 방법을 제시하더라도 아이가 해결사가 될 기회를 마련해 주세요. 이때도 그림책은 유용한 재료가 될 수 있습니다. 주인공이 어떻게 문제를 해결해야 할지, 일상에서 마주하는 문제를 어떻게 해결해야 할지에 대한 이야기를 나누어 보세요. "어떻게 하지? 도와줄 수 있어?"라고 도움을 요청해 보세요.

아이가 제안하는 방법을 경청해 주세요. 아이의 대답에 "그건 불가능해. 다시 생각해 봐." 이러한 반응을 보이기보다는 "멋진 방법이야! 좋은 방법을 알려 줘서 고마워."라는 말로 지지해 주세요. 이 같은 경험을 통해 아이는 자신의 생각을 전달하는 데 자신감과 용기를 얻을 수 있습니다.

"어떻게 해야 할까?"라는 질문에 "몰라요."라고만 말한다면 부모가 해결 방법을 먼저 제안해 보세요. 아이는 적절한 어휘를 떠올리는 데 시간이 필요합니다. 때로는 인내심과 여유를 가지고 기다려야 합니다. 아이와 함께 대화를 나누는 장소를 자신이 가지고 있는 잠재적인 언어능력을 펼치는 공간으로 만들어 주세요.

'어떻게 하지?' 대화 리스트

음식: "떡볶이를 먹다가 너무 매우면 어떻게 하지?"
환경: "환경이 오염되어서 지구가 아프면 어떻게 하지?"
우정: "친구와 빵을 나누어 먹을 때, 어떻게 해야 똑같이 나눌까?"
날씨: "바람이 많이 불어서 모자가 날아가려고 하면 어떻게 하지?"
일상: "색종이를 자르려고 하는데 가위가 없으면 어떻게 하지?"
여행: "여행을 갔을 때 길을 잃으면 어떻게 하지?"

어린 시절을 떠올려 보면, 부모님은 만능 해결사였습니다. 초등학교 입학 이후로는 선생님께 궁금한 것을 질문하곤 했지요. 요즘은 어떠한가요? 초등학교 고학년 아이도 AI로 궁금증을 해소합니다. 유튜브에서 지식을 얻기도 하지요. 궁금한 부분에 대한 키워드(핵심 단어)만 입력해도 상세한 답을 얻을 수 있습니다. 때로 부모님은 아이의 질문에 불확실한 답을 주는 것보다 든든하다는 생각을 할 겁니다.

하지만 4~7세는 대화를 통해 문제해결 방법을 고민하고 소통

할 수 있는 최적의 시기입니다. 또래와 함께 머리를 맞대고 해결 방법을 찾아가는 과정은 의사소통 매너를 갖춘 사회인으로 성장하는 발판이 되지요. 인지심리학자 레프 비고츠키(Lev Vygotsky)의 상호작용 이론에 따르면 아이와 친구, 어른, 선생님과의 상호작용을 통해 추상적인 세계를 배운다고 말합니다.

아이는 자신이 모르는 것에 대해 질문할 때 막막함을 느끼기도 합니다. 모르는 부분을 묻고, 상대방의 말을 경청하고, 필요한 정보를 얻는 과정은 오랫동안 꾸준히 지속되어야 하는 경험입니다.

부모라면 아이가 풍부한 어휘력을 가지고 명료한 답을 제시하는 모습을 기대합니다. 단기간에 이러한 목표를 성취할 수도 있지만, 장기적인 관점에서 지켜보세요. 매일매일의 짧은 대화를 통해 아이는 세상을 마주하고 소통하는 데 필요한 힘을 기를 수 있을 거예요.

대화를 매끄럽게 하는 부모의 '말목록'

아이와 대화하고자 하는 마음은 앞서지만 아이의 반응은 기대보다 단조롭게 느껴질 때도 있습니다. 그러다 보면 부모님은 의도와는 다르게 아이를 다그치는 듯한 말을 하기도 합니다. 아이와의 대화를 매끄럽게 이어 갈 수 있는 말을 안내합니다. 각 상황과 아이의 성향에 따라 다음의 말을 들려주세요.

말 목록 리스트

상황	부모의 말
과정을 칭찬하고 격려하기	"최선을 다하는 모습이 정말 멋져."
정답을 맞히지 못할 때 격려하기	"누구에게나 어려울 수 있어. 고민하는 과정이 중요해."
자기 조절력을 키워 주기	"조금만 더 기다려 보자." "천천히 해도 괜찮아."
아이에게 선택권을 주기	"스스로 선택해 볼래? 기다릴게."
호기심과 창의력을 자극하기	"왜 그런 걸까? 어떻게 해야 할까?"
멋지게 지는 방법을 가르쳐 주기	"멋지게 지는 방법이 있어. 이긴 친구에게 축하를 전하는 마음을 가져 볼까?"

부록 1

말자극 놀이법

장난감의 개수는 많은데, 어떻게 놀아 주어야 할지 막막할 때가 있습니다. 아이가 새로운 장난감만을 갖고 싶어 하기도 하지요. 장난감의 양은 중요하지 않아요. 주인공인 아이와 함께한다는 마음이 있다면 얼마든지 알차게 놀 수 있는 방법을 소개합니다.

장난감으로 놀아요!

- 준비물: 피규어, 인형, 도구(주방 놀이 도구, 과일 모형, 병원놀이 도구, 마트놀이 도구 또는 실제 과일/야채/식품, 생활용품, 미용실 놀이 도구 등)
- 장소: 거실, 아이 방, 놀이터 등 아이와 함께하기에 가장 편안한 곳
- 규칙

1) 아이가 선택한 놀이로 시작하고 끝냅니다. 놀이의 선택권은 아이에게 주세요.

2) 아이의 상상력을 인정하고 지지해 주세요. 아이에게는 무한한 잠재능력이 있습니다.

3) 아이가 어려움을 보일 경우에는 대화의 모델링을 보여 주세요. 아이가 맡은 역할이 의사 선생님이라면, "어디가 아파서 왔나요?"라고 물어보세요. 그러고 나서는 아이가 도움을 요청하기 전까지는 아이의 말을 기다려 주세요. 아이는 천천히, 자신이 맡은 역할에 대한 경험과 말(대사)을 떠올리고 있을 거예요.

4) 장난감의 개수는 중요하지 않아요. 오히려 부족한 교구 덕분에 새로운 창작물이 나올 수 있습니다.

5) 아이를 있는 그대로 인정하고 존중합니다. '4~7세 시기의 아이'는 '발달 과정 중'에 있습니다. 자기중심적인 사고가 생기는 시기이기도 하지요. 경청하기, 조절하기, 상대방을 배려하기와 같은 기술은 다양한 경험을 통하여 조금씩 성장합니다.

① 마트 놀이

• **어휘**

과일/야채 코너: 딸기, 바나나, 수박, 포도, 망고, 배추, 당근, 가지, 수박, 무, 양파, 고추, 오이, 마늘, 호박 등

유제품 코너: 우유, 치즈, 요구르트, 요거트

과자 코너: 감자칩, 빼빼로, 초콜릿 쿠키, 양파링, 꼬깔콘, 사탕,

초콜릿, 젤리

음료 코너: 콜라, 사이다, 오렌지 주스

생활용품 코너: 휴지, 치약, 칫솔, 샴푸, 린스, 세제

그 외 어휘: 개수(수량), 봉투, 계산, 결제, 카드, 현금, 거스름돈, 바코드, 카트, 시식 코너

• **질문하고 답하기**

어디에 있어요?

⇨ 3번 코너에 있습니다, 과일 코너 앞/뒤/맞은편에 있습니다.

얼마예요?

⇨ 3,500원입니다.

(키오스크를 가리키며) 어떻게 하는 거예요?

⇨ 바코드를 찍어 보세요.

• **그 외 표현**

(카트에 부딪혔을 때) 죄송합니다.

엄마, 과자 사 주세요.

(시식 코너에서) 이것 좀 드셔 보세요. 맛있어요.

② 미용실 놀이

• **어휘**

단발, 커트(길게-짧게), 펌(굵게), 염색, 샴푸, 린스, 거울, 의자

• **질문하고 답하기**

어떻게 해 드릴까요?

⇨ 단발로 잘라 주세요, 조금만 잘라 주세요, 머리 염색해 주세요.

무슨 색으로 염색해 드릴까요?

⇨ 갈색(핑크색, 보라색, 빨강색)으로 염색해 주세요.

커트는 어느 정도까지 할까요?

⇨ 어깨까지 자르고 싶어요.

• **그 외 표현**

여기에 앉으세요. 천 씌워 드릴게요.

머리 감겨 드릴게요. 물이 너무 차갑거나 뜨거우면 말씀해 주세요.

마음에 드시나요?

③ 어린이집/유치원 놀이

• **어휘**

장난감과 악기: 블록, 공, 피아노, 멜로디언, 리코더(피리)

학용품(또는 미술도구)**:** 연필, 지우개, 공책, 색연필, 크레파스, 물감, 가위, 풀

점심시간: 식판, 밥, 국, 반찬

그 외: 체육 시간, 이야기 시간, 야외 활동, 숲 체험, 칠판, 선생님, 원장 선생님

- **질문하고 답하기**

주말에 뭐 했어요?

⇨ 엄마랑 아빠랑 같이 캠핑 다녀왔어요.

오늘은 몇 월 며칠일까요? 무슨 요일일까요? 날씨가 어때요?

⇨ 오늘은 ○월 ○일이에요/○요일이에요/비가 와요.

우리 뭐 하고 놀까?

⇨ 우리 주방놀이/블록놀이/게임하자!

누가 먼저 할까?

⇨ 우리 가위바위보로 정하자! 네가 먼저 해.

- **그 외 표현**

이거 내 거야. 내가 먼저 할 거야.

미안해. 내가 양보할게.

(친구가 아플 때) 어디 아파? 괜찮아? 내가 약 발라 줄게.

④ 주방 놀이

• **어휘**

재료: 야채/과일, 밀가루, 빵, 잼, 계란, 밀가루

조리 도구: 칼, 도마, 거품기, 오븐, 프라이팬, 냄비, 주걱, 가스레인지

그 외: 앞치마, 설거지

• **질문하고 답하기**

무엇을 만들까? 뭐 먹고 싶어?
⇨ 스테이크 먹고 싶어.

(재료를) 어디에서 살 수 있어?
⇨ 마트나 시장에서 살 수 있어.

언제 먹을 거야?
⇨ 아빠 오면 같이 먹자.

누구한테 줄 거야? 누구랑 같이 먹을 거야?
⇨ 동생한테도 나눠 주자.

• **그 외 표현**

배고파요. 빨리 주세요.

배불러요. 그만 먹을래요.

편식하면 안 돼. 음식은 골고루 먹어야 돼.

맛있어요. 더 주세요.

⑤ 병원 놀이

- **어휘**

진료(과): 의사, 간호사, 정형외과, 소아과, 산부인과, 이비인후과, 내과, 안과, 치과

도구: 주사기, 거즈, 붕대, 밴드, 청진기, 깁스, 목발, 약, 체온계, 안경

신체 부위: 머리, 팔/다리, 목, 코, 입, 눈

그 외: 열, 대기, 처방전, 수납

- **질문하고 답하기**

어디 아파요? 열은 몇 도인가요?

언제부터 기침했나요? 머리가 아팠나요?

⇨ 목이 아파요.

왜 아픈 건가요?

⇨ 감기네요. 물 많이 마시고, 집에서 쉬어야 합니다.

약사님, 처방전을 받아 왔어요.

⇨ 네, 약 드릴게요.

- **그 외 표현**

빨리 나아.

내가 간호해 줄게.

주사 놓을게요. 따끔할 수 있어요.

약국은 병원 맞은편에 있어요.

조립 놀이(만들기 놀이)

블록(레고), 자석 블록(맥포머스), 그 외에 아이가 자유롭게 조작하며 모양을 만들 수 있는 도구를 활용한다면 모두 조립놀이가 됩니다. 아이가 조립도를 보면서 똑같이 만들려고 시도한다면 천천히 기다려 주세요. 조립도를 보지 않고 자유롭게 만들기를 더 좋아하는 아이도 있습니다. 아이의 취향에 따라 진행해 보세요.

조립 놀이를 할 때 플라스틱 재료뿐만 아니라 나뭇가지, 풀, 돌멩이 또한 훌륭한 도구가 되어 줍니다. 돌을 쌓아서 탑을 만들고, 집을 짓고, 돌과 돌 사이에 흙을 바를 수도 있지요. 장소와 도구에 대한 제한을 두지 않고 시작해 보세요. 평소에 정답이 정해진 활동으로 인해 아이가 자신감을 잃어버렸다면, 이 시간은 자유롭게 상상력을 키우는 놀이 시간으로 만들 수 있답니다.

- **준비물**: 블록(끼우며 조립할 수 있는 다양한 크기의 블록, 자석 블록), 야외에서

놀이하는 경우에는 돌멩이, 나뭇가지, 물

• **장소**: 거실, 놀이터, 공원

• **규칙**

1) 아이가 만들고자 하는 모양(완성품)에 대한 관심을 표현해 주세요. 엉뚱한 모양을 만든다고 이야기할 때도 있는데, 이때는 아이의 취향과 관심을 존중해 주세요.

2) 원하는 모양이 만들어질 때까지 몰입하는 아이, 금세 따분함을 느끼는 아이, 하나부터 열까지 엄마에게 물어보며 하는 아이 등 아이마다 기질과 만드는 방법에 차이가 있습니다. 완성보다 아이가 만드는 과정에 더 집중하게 해 주세요.

3) 친구 또는 가족과 함께 협동해서 만들어요. 조립은 혼자 할 때보다 형제 또는 친구와 함께할 때 더 크고 다양하게 만들 수 있습니다. 아이가 혼자 놀기에 익숙하다면 아이와 이야기를 충분히 나눈 후(예: "내일은 친구가 우리 집에 놀러 올 거야. 같이 블록 만들기 어때? 더 재미있을 것 같아."), 친구와 함께 만드는 경험을 만들어 주세요. 처음에는 혼자 놀 때만큼의 즐거움을 느끼지 못할 수 있습니다. 아이가 적응할 수 있도록 시간과 여유를 제공해 주세요.

4) 함께 규칙을 정해요. 처음에는 어른의 중재로 블록을 나누어 가지면서 아이들끼리 규칙을 정할 수 있도록 유도해 주세요. '블록 던지지 않기, 다 놀고 난 후에는 직접 정리하기, 형제(동생)와 함

께할 경우 번갈아 양보하기' 등의 규칙을 스스로 정해서 놀게 해주세요.

5) 조립은 시간이 오래 걸립니다. 등원이나 외출 전에 시작한다면 출발 시간이 늦어질 수 있어요. 아이가 놀이에 몰입할 때 재촉하지 않도록 시간적인 여유를 두고 놀이하세요.

- **어휘**

색깔: 빨간, 초록, 노란, 주황, 파란, 투명한, 보라, 분홍 등
모양: 네모, 세모, 긴-짧은, 큰-작은
건물 이름: 병원, 마트, 집, 아파트, 빌딩, 어린이집/유치원, 학교, 소방서, 경찰서
교통수단: 기차, 버스, 구급차, 소방차, 경찰차, 트럭
사람: 엄마, 아빠, 아기(동생), 할머니, 할아버지, 친구
동물원: 사자, 코끼리, 호랑이, 토끼, 펭귄, 곰
동작어: (블록) 끼워, 연결해, 꽂아-빼, 높이 쌓자, 길게 만들자, 넓게 만들자.

- **질문하고 답하기**

무엇을 만들까?
⇨ 성을 만들자.

이건 어디에 끼울까?

⇨ 요기에다 끼워 줘.

너 먼저 해. 내가 양보할게.

⇨ 고마워. 다음에는 네가 먼저 해.

＊블록을 활용하여 마트 놀이, 병원 놀이, 동물원 놀이, 기차 놀이 등으로 이어 가세요.

바깥 놀이

《4세에서 7세 사이, 내 아이의 미래가 바뀐다》의 저자 시오니 도시유키 박사는 6~7세에 욕구 불만으로 인한 반항은 바깥 놀이를 통한 에너지 분출로 해소할 수 있다고 말합니다. 자연을 보고, 냄새를 맡고, 소리를 듣고, 직접 만지며 배운 어휘는 정서적으로도 즐거운 기억을 만듭니다.

아이의 오감을 자극할 수 있는 가장 좋은 활동은 바깥 놀이입니다. 바깥에서의 신체활동은 또래와의 정서적인 유대 또한 더욱 단단하게 만들어 줍니다. 물론 실내에서도 다양한 놀이를 할 수 있지만, 바깥에서 또래와 신체활동을 같이하면 주의집중, 자기조절, 또래와의 소통 방법 등을 자연스럽게 배울 수 있지요.

• **준비물**: 편한 신발, 편한 옷, 모래놀이 도구, 그리고 아이의 놀이를 기다려 줄 수

있는 마음의 여유

- **장소**: 집 주변 놀이터, 공터, 공원, 가까운 하천, 뒷산 등

- **규칙**

1) 아이가 자유롭게 뛰어다니고, 땅을 밟고, 만져 볼 수 있도록 여유를 가져 보세요. 주변에 보이는 꽃과 풀의 이름을 들려주거나, 아이와 함께 지어 보세요.

2) 주변의 도구(예: 모래, 나뭇가지, 물)를 통해 아이가 원하는 창작물을 자유롭게 만들도록 해 주세요. 나뭇가지가 간혹 위험할 수 있으니 주의하세요.

3) 또래와의 규칙을 아이들 스스로 만들게 합니다. 아이들은 6~7세 무렵부터 스스로 규칙을 만들고 함께 지키며 소속감을 느껴요. 아이가 규칙을 따르는 데 어려움을 보인다면, 그 자리에서 지켜야 할 규칙을 차근차근 안내합니다.

4) 바깥 놀이에서 기억에 남는 일을 말, 그림, 글로 표현해요. 꽃의 이름, 나무의 이름, 구름의 모양, 바람, 그 외의 날씨, 땅에서 보았던 개미나 지렁이, 벌레 등의 모습을 기억해서 그려 보세요. 이름이 떠오르지 않을 경우, 식물도감을 찾아보거나 이름 짓기 놀이를 해요. 색깔이나 모양, 생김새를 활용하여 이름을 지으면서 어휘력이 성장할 수 있습니다.

• 어휘

꽃 이름: 개나리, 진달래, 벚꽃, 접시꽃, 장미꽃, 해바라기

나무 이름: 감나무, 소나무, 버드나무

생물 이름: 지렁이, 개미, 거미, 딱정벌레, 사슴벌레, 달팽이, 새

놀이 기구: 미끄럼틀, 그네, 회전무대, 시소, 하늘사다리(구름사다리), 철봉

• 놀이

나뭇가지, 풀, 돌멩이, 꽃잎을 활용하여 밥상 차리기

친구와 함께 아지트 만들기, 숨바꼭질

모래를 활용하여 땅굴 파기, 모래성 만들기

물총을 활용하여 모래 위에 그림 그리기

부록 2

양육자를 위한 언어발달 상담소

Q1. 언제 언어치료실에 가야 할까요?

4~7세는 언어치료실 방문이 가장 많은 시기입니다. 36개월까지 기다려 보아도 아이의 발달이 또래보다 느린 부분이 보이면 많은 부모님이 치료실 방문을 결정합니다. 언어발달 검사를 받고자 마음을 먹더라도, 아이가 검사 당일에 컨디션이 그리 좋지 않거나 가족 구성원의 반대가 있는 경우에는 언어발달 검사를 망설이기도 하지요.

그렇다면 언어치료실에 방문하는 적절한 시기는 언제일까요? 속 시원한 답은 아닐 수도 있지만, 바로 부모가 아이의 발달에 대한 궁금증이 생기는 시기입니다. 특히 언어, 대근육, 소근육, 인지, 사회성 등 각 발달의 영역이 맞물린 시기이기 때문에, 전문가의 면밀한 관찰과 촉진 방법에 대한 조언을 빨리 얻는 것을 권해 드립니다.

이 시기는 '말이 얼마나 빠르게 트였나'보다 '얼마나 다양한 단어를 말하는지, 점점 더 긴 문장을 이해할 수 있는지, 상대방과 적절하게 말을 주고받을 수 있는지'에 초점을 맞추어야 합니다. 언어 발달 이외에도 한 가지 놀이에 얼마나 집중할 수 있는지, 소근육과 대근육의 협응이 잘 이루어지는지, 주어진 과제에 어느 정도 집중할 수 있는지 여부도 살펴보아야 하지요.

Q2. 치료를 '언제까지' 받아야 할까요?

아이마다 종결 시기와 잠재능력은 다 다릅니다. 누군가에게는 언어치료실에 다녔던 시간이 추억이 되고, 누군가에게는 현재 진행형일 수 있지요. 부모이기 때문에 아이의 잠재능력을 더 가까이에서 볼 수 있지만, 놓치는 순간도 많을 수밖에 없습니다. 우리 아이는 천천히 배우고 익히며 외부 자극을 조금 늦게 소화하는 아이일 수도 있습니다.

부모의 역할은 무엇일까요? 어떠한 고민과 문제에 직면했을 때, 가족이나 친척, 시부모님, 친구 등 외부적인 요소의 영향을 받지 않을 수 없지만, 먼저 내 아이에게 초점을 맞추어 주세요. 아이가 어떻게 성장하기를 바라는지, 어떤 성인으로 자라나서 한 사회의 구성원이 되기를 원하는지에 대한 그림을 그려 보세요.

아이의 현재 문제에 마음이 계속 머무른다면 숲을 보는 지혜도 필요합니다. 앞으로 평생의 발달 과업을 가지고 있는 아이의 성장 과정에 대한 시야를 넓히는 거지요. 그 과정 중에 언어발달 검사는 더 좋은 양분을 주기 위한 선택이 될 수 있습니다. 어떤 양분이 아이의 성장에 도움이 될지 관련 전문가의 도움을 받아 보세요. 발달 영역 중에서도 '언어발달'이라는 어렵고 막막한 과제 속에서 조금 더 수월한 길로 안내받을 수 있을 거예요.

Q3. 규칙도 모르고 말이 안 통해서 또래와 잘 지내지 못해요.

아이의 사회성은 환경에 따라 달라지고, 성장하는 속도도 다릅니다. 언어, 인지, 그 외의 다른 발달 영역도 사회성에 영향을 줍니다. 발달 전문가는 '사회성은 인간 발달의 종합선물세트'라고 말하기도 합니다.* 그래서 언어발달이 또래보다 느린 경우, 또래와의 관계에서 더욱 어려움을 느낄 수 있습니다.

천천히 배우는 아이는 '같이 놀고 싶다'는 자신의 생각을 또래에게 유연하게 전달하거나, 자신의 감정을 명확하게 표현하는 데 어려움을 느낄 수 있어요. 같은 또래 사이에서는 다른 아이가 말을 끝까지 할 때까지 기다려 주기 어려운 경우도 있습니다. 이를 지켜

---

* 《아이의 사회성》 (이영애, 지식플러스)

보는 부모님은 속상한 마음이 더욱 커지지요.

아이의 사회성은 자라날 수 있고, 지금도 조금씩 성장하고 있습니다. 조금은 번거로울 수 있지만, 가정 안에서 아이에게 각 상황에 따라 어떻게 말을 전달해야 할지 알려 주세요. 비슷한 상황이 나온 그림책을 활용하거나 놀이터에서 친구와 함께 어울리는 상황, 역할놀이를 통하여 친절하게 안내할 수 있습니다.

아이는 곁에서 알려 준 사회적인 기술(예: 인사하기, 같이 놀자고 제안하기, 부드럽게 거절하기, 경기에서 이긴 친구 축하해 주기 등)을 바로 적용하는 데 서툴 수 있어요. 매 순간 반복적으로 아이에게 상황에 맞는 말을 가르쳐 주고, 가정에서의 연습 시간이 주어진다면 아이는 조금씩 상황 이해의 폭을 넓혀갈 거예요.

Q4. 아이가 느린데 언제 한글을 가르쳐야 할까요?

한글은 '관심을 갖는 시기'가 중요합니다. 전문가마다 한글 학습의 권장 시기가 조금씩 다른 이유는 아이의 동기 여부가 많은 영향을 주기 때문입니다.

느린 아이의 한글 학습 시기 또한 아이의 동기 여부가 중요합니다. 동기 여부는 어떻게 파악할 수 있을까요? 아이가 글자를 보고 "엄마, 여기 뭐라고 쓰여 있어요?"와 같은 질문을 하거나, 자신의 이름을 읽는 흉내를 내거나, 책장을 넘기며 읽는 흉내를 낸다면 한글에 대한 관심도가 높아졌다는 사인이 될 수 있습니다.

한글을 처음 접할 때, 쓰기를 먼저 유도하면 아이는 부담스러워할 수 있어요. 처음에는 각 글자를 함께 짚으며 읽고(예: '가방'을 보고, 손가락을 '가'와 '방'을 가리키며 '가방'이라고 소리 내서 읽어 주기), 글자 수도 세어 봅니다(예: '가방'은 두 글자네! 말해 주기). 아이가 조금 더 직접적으로 느낄 수 있도록 글자 아래 스티커를 붙이거나 글자를 색칠해 보는 활동도 글자를 인지하는 데 도움이 될 수 있어요. 글자가 쓰여 있는 스티커를 활동해도 좋습니다.

앞서 함께 살펴보았던 말놀이(예: 같은 글자로 시작하는 단어 말하기, 끝말잇기, 초성 퀴즈 등)와 생활 속에서 친숙한 글자 찾기와 같은 활동도 도움이 됩니다. 무엇보다 꾸준히 책을 읽어 주세요. 책을 읽어 주는 말소리를 통하여 읽기의 규칙을 자연스럽게 익힐 수 있습니다.

Q5. 책을 읽어 주기만 해도 언어능력이 성장할까요?

언어발달은 어휘와 문장을 이해하고 표현하는 능력, 적절하게 대화할 수 있는 대화 기술이 골고루 발달해야 합니다. 책을 읽어 주는 목적이 '책을 읽는 활동'에만 초점이 맞추어진다면 오히려 아이는 책 읽기에 대한 흥미를 잃을 수 있어요. 아이는 책을 읽으면서 '몇 권을 읽어야겠다'라는 목표를 세우지 않을 가능성이 큽니다.

읽은 책을 생활 속에 적용하면서 언어 능력을 키워 주고자 한다면 어떻게 해야 할까요? 먼저, 책 속의 어휘를 자주 접할 수 있도록 가정 안에서 노출해 주세요. 상대방과 말을 주고받을 때, 단어가 어떻게 사용되는지 자주 접하면 아이는 단어를 자신의 것으로 만들어갈 수 있습니다. 자꾸 듣다 보면, 아이는 서툴더라도 스스로 그 단어가 포함된 문장을 말하게 됩니다.

아이의 언어 능력이 골고루 발달하기 위해서는 대화 상황에서 적절하게 어휘를 사용하는 능력, 그리고 사회적인 제스처나 대화 예절을 함께 익혀야 합니다. 상대방의 이야기에 귀 기울이기, 대화 차례 지키기, 적절하게 답하기, 상대방이 원하는 정보 제공하기 등의 대화 기술을 차근차근 배워 갈 수 있도록 가정 안에서 꾸준한 모델링이 제공되어야 합니다.

아이는 직접 체험하고 경험하면서 어휘를 더 쉽게 배울 수 있습니다. 초등 입학 이후에도 중요한 배경지식을 주어진 텍스트로만 접하고 외우는 데는 한계가 있어요. 일상에서 그 단어를 소화시킬 기회가 필요합니다.

무엇보다 책을 읽어 줄 때, 아이의 속도에 맞추는 여유가 필요합니다. 하루의 독서량을 정하지 말고 아이가 영양가 있는 책을 충분히 소화시키며 읽는지 점검하면서 읽어 주세요. 아이의 언어발달 속도에 관계없이, 4~7세 시기의 언어발달은 속도(빠르게)보다

밀도(알차게)를 채우는 데 초점을 맞추어야 합니다.

Q6. 4~7세 아이와 함께 보면 좋은 책이 있을까요?

주제	제목	저자	출판사
책과 친해져요	《나도 나도》	최숙희	웅진주니어
	《괜찮아》	최숙희	웅진주니어
	《기차가 출발합니다》	정호선	창비
	《빨주노초파남보 색깔 말놀이》	박정선	시공주니어
	《토끼일까?》	크림빵	키즈엠
	《수상한 신호등》	더 캐빈 컴퍼니	비룡소
	《고마워요, 미스터 판다》	스티브 앤터니	을파소
	《똥이 풍덩!》	알로나 프랑켈	비룡소
	《어떻게 먹을까?》	김슬기	시공주니어
	《이파라파냐무냐무》	이지은	사계절
	《한 입만》	경혜원	한림출판사
	《바다 100층짜리 집》 (100층짜리 집 시리즈)	이와이 도시오	북뱅크
직업/ 미용실/ 아빠	《으르렁 이발소》	염혜원	창비
배변훈련	《굿모닝, 미스터 푸》	스티븐 프라이어	시공주니어
자연	《안녕, 나는 달이야》	스테이시 매카널티	현암 주니어
발음 /ㄱ/	《고구마구마/고구마유》	사이다	반달
발음 /ㄷ/	《도토리랑 콩콩》	윤지회	웅진주니어

발음 /ㅊ/	《채소가 최고야》	이시즈 치히로	천개의바람
발음 /ㅈ/	《안 돼 지지, 안 돼》	한나마리 루오호넨	킨더랜드
	《짖어 봐 조지야》	줄스 파이퍼	보림
발음 /ㅅ/	《소시지 탈출》	미셸 로빈슨	보림
발음 /ㄹ/	《아주아주 배고픈 애벌레》	에릭 칼	시공주니어
발음 /ㅎ/	《후후후》	서지연	천개의바람
한글 말놀이	《표정으로 배우는 ㄱㄴㄷ》	솔트앤페퍼	소금과후추
	《가나다는 맛있다》	우지영	책읽는 곰
	《행복한 ㄱㄴㄷ》	최숙희	웅진주니어
	《손으로 몸으로 ㄱㄴㄷ》	전금하	문학동네
	《ㄱㄴㄷ 바느질》	이새미	길벗어린이
	《개구쟁이 ㄱㄴㄷ》	이억배	사계절
	《변신 ㄱㄴㄷ》	김세실	한빛에듀
	《동물 친구 ㄱㄴㄷ》	김경미	웅진주니어
계절/절기	《가을의 스웨터》	이시이 무쓰미	주니어김영사
봄	《봄봄 딸기》	김지안	재능교육
	《목련 만두》	백유연	웅진주니어
	《코딱지 코지의 벚꽃 소풍》	허정윤	웅진주니어
	《벚꽃 팝콘》	백유연	웅진주니어
	《민들레는 민들레》	김장성	이야기꽃
여름	《수박 수영장》	안녕달	창비
	《할머니와 여름 텃밭》	강혜영	팜파스
	《비 오니까 참 좋다》	오나리 유코	나는별
	《여름 낚시》	김지안	재능교육

여름	《풀잎 국수》	백유연	웅진주니어
	《팥빙수의 전설》	이지은	웅진주니어
	《수박씨를 삼켰어》	그렉 피졸리	토토북
가을	《낙엽 스낵》	백유연	웅진주니어
	《알밤 소풍》	김지안	재능교육
	《수잔네의 계절》 시리즈	수잔네 베르너	보림
	《바빠요 바빠》	윤구병	보리
	《또 누구게?》	최정선	보림
	《울긋불긋 가을 밥상을 차려요》	김영혜	시공주니어
겨울	《코코 스키》	김지안	재능교육
	《눈 아이》	안녕달	창비
	《잠이 솔솔 핫초코》	양선	소원나무
	《안녕하세요, 산타할아버지》	하야시 아키코	한림출판사
	《크리스마스는 몇 밤 남았어요?》	마크 스페링	키즈엠
	《졸려 졸려 크리스마스》	타카하시 카즈에	천개의바람
	《산타 할머니》	진수경	봄개울
추석/설날	《솔이의 추석 이야기》	이억배	길벗어린이
	《손 큰 할머니의 만두 만들기》	채인선	재미마주
	《추석 전날 달밤에》	천미진	키즈엠

우정/ 사회성/ 감정	《사과는 이렇게 하는 거야》	데이비드 라로셸	블루밍제이
	《당근 유치원》	안녕달	창비
	《알사탕》	백희나	스토리보울
	《다람쥐의 구름》	조승혜	북극곰
	《곰아, 자니》	조리 존	북극곰
	《화난 책》	세드릭 라마디에	길벗어린이
	《기분을 말해 봐》	앤서니 브라운	웅진주니어
	《내 마음 ㅅㅅㅎ》	김지영	사계절
	《걱정 상자》	조미자	봄개울
	《쿵쿵이와 나》	프란체스카 산나	미디어창비
	《소피가 화나면 정말정말 화나면》	몰리 뱅	책읽는곰
	《화가 나서 그랬어》	레베카 패터슨	현암주니어
	《감정 호텔》	리디아 브란코비치	책읽는곰
	《컬러 몬스터: 감정의 색깔》	아나 예나스	청어람아이
	《내 마음은 보물 상자》	조 위테크	키즈엠
	《친절한 호랑이 칼레의 행복한 줄무늬 선물》	야스민 셰퍼	봄볕
	《네가 일등이야!》	그렉 피졸리	토토북
	《용기가 솟는 말》	윤여림	미세기
1학년/ 초등입학	《우리는 인기 만점 1학년》	쓰치다 노부코	파스텔하우스
	《여덟 살 오지 마》	재희	노란돼지
	《학교가 처음 아이들을 만난 날》	아담 렉스	북뱅크

부록 3

슬기로운 미디어 활용법

Q1. 패드 학습을 통한 외국어와 한글 습득은 괜찮은 걸까?

커뮤니케이션 학자들은 대화에서 말의 영역은 15~20% 정도 된다고 합니다. 나머지 80%의 대화는 표정과 태도로 이루어진다고 해요. 아이의 모국어 발달이 급성장하는 유아기까지는 의사소통 능력을 다질 수 있도록 도와주어야 합니다. 이 능력은 학령기, 성인기에도 지속적으로 다져야 원만한 소통을 할 수 있어요.

외국어 노출을 위해 아이가 미디어를 시청할 때, 부모님이 곁에서 함께해 주세요. 이후에는 관련 내용으로 상호작용하는 시간을 만들어 주세요. 노래를 따라 부르고 몸을 함께 움직여 주세요. 정확하지 않더라도 따라 말하고, 반복해서 듣고, 일상에서도 노출된다면 일방적인 소통의 단점을 보완할 수 있습니다.

패드를 통한 한글 학습은 어떨까요? 유아기의 아이는 아직 소근육이 발달이 약해서 연필로 또박또박 쓰기 힘들어요. 패드 위에 글자를 쓰는 것은 연필로 쓰는 것보다 쉬울 수 있지요. 패드에 글자를 쓰면서 한글 낱자의 소리도 들을 수 있고요. 이렇게 여러 가지 장점이 있지만, 한글을 '직접' 조작하고 다루어 보는 경험은 중요합니다. 자석 글자로 직접 이름 만들기, 연필보다 잡기 편한 색연필로 써 보기, 일상에서 글자 찾아보기와 같은 활동을 병행해 주세요.

Q2. 24개월 미만 이전에 미디어를 봤다면 어떻게 해야 할까요?

먼저 부모의 죄책감부터 차단해야 합니다. 24개월 이전에 미디어에 노출된 아이가 언어발달이 늦은 경우에 부모의 미안한 마음이 언어자극을 주는 데 오히려 걸림돌이 되는 경우를 보곤 합니다. '오늘부터' 미디어 시청 시간을 줄여가고 그 시간을 부모와의 상호작용으로 채워 주세요.

아이가 미디어 시청을 하는 것이 습관이 되었다면, 시간을 조금씩 줄여 주세요. 줄이는 시간은 아이가 가장 좋아하는 장난감으로 보완하는 거지요. 장난감을 줄 때 곁에서 함께해 주세요. 많은 양의 언어자극을 주고자 하기보다는 '즐겁게 놀기'에 초점을 맞춰 보세요.

미디어가 주는 화려한 사운드와 빠르게 전환되는 영상 속도는 아이에게도 짜릿함을 줍니다. 그러다 보니 때로는 아이에게 책을 읽어 주다가 '차라리 영상이 더 낫지 않을까? 아이가 더 즐거워하지 않을까?' 고민이 될 때도 있지요. 하지만 아이는 부모가 들려주는 목소리를 듣고 싶고, 부모의 온기를 더욱 느끼고 싶은 마음을 갖고 있습니다. 아이를 품 안에 많이 안아 주시고, 스킨십을 통해 부모의 사랑을 더 진하게 전해 주세요.

Q3. 미디어를 보지 않으면 또래 관계에 어려움이 있을까요?

아이는 4~7세 무렵 또래 문화를 만듭니다. 시대에 따라 유행하는 캐릭터가 있지요. 유행하는 캐릭터나 영상은 아이들 내에서 역할놀이나 대화의 소재가 됩니다. 어떤 부모님은 혹시나 우리 아이가 친구들과의 대화에 끼지 못할까 봐 염려하는 마음에 영상을 보여 주기도 합니다.

어느 정도 캐릭터 이름을 알고 있다면 또래와의 공감대를 형성할 수 있습니다. 아이 스스로도 또래와의 소통에서 즐거움을 느끼고요. 처음에는 캐릭터 이름에 대한 지식이 소통의 시작이 될 수 있지만, 중요한 것은 대화 기술입니다. 이는 성인에게 있어서 의사소통 매너에 해당됩니다.

또래 사이에서 아이는 자신의 이야기를 잘 들어주고 반응해 주는 친구를 선호합니다. 자신이 알고 있는 캐릭터에 대한 지식만 말하거나 자랑으로만 대화가 이어진다면 어떨까요? 또래 친구는 금세 대화에 싫증을 느끼게 될 가능성이 높아요.

또래 문화 안에서 친구의 이야기에 경청하고 자신의 이야기를 전달할 수 있는 능력을 길러 주세요. 특히 또래만의 규칙과 놀이를 만들다 보면 훨씬 더 소속감을 느낄 수 있을 거예요. 즐거움이 더해지는 것은 물론이고요. 장기적으로 아이가 건강한 친구 관계를 맺는 기반을 만들어 주세요. 매체에 의존하기보다 사람과 사람 사이에 오고 가는 따스한 정을 충분히 느끼고 경험하는 유아기가 될 수 있도록 도와주세요.

Q 4. 4~7세 아이와 함께 보면 좋은 영상이 있을까요?

채널 이름	주제
주니토니 세계 수도 송	세계 수도의 이름
예림 TV	전래동화
요미몬 TV	이솝우화
슈퍼액션 스터디-슈퍼홈스쿨	한글 파닉스
넘버 블록스	숫자

- 반드시 아이와 '함께' 시청하세요!
- 노래는 따라 부르고, 글자와 숫자는 종이에 직접 써요.
- 이야기의 경우, 등장인물의 이름, 사건, 결과, 감정에 대해 함께 이야기를 나누어요.

참고 자료

- 김민정, 《임상 중심 말소리 장애》, 학지사, 2021.
- 김붕년, 《4~7세 조절하는 뇌, 흔들리고 회복하는 뇌》, 코리아닷컴, 2023.
- 김영태, 《아동 언어장애의 진단 및 치료》 2판, 학지사, 2014.
- 매리언 울프 저, 전병근 역, 《다시 책으로》, 어크로스, 2018.
- 소가와 타이지 저, 이경민 옮김, 《3~7세 기적의 시간》, 키스톤, 2015.
- 시오미 도시유키 저, 김정화 옮김, 《4세에서 7세 사이, 내 아이의 미래가 바뀐다》, 부즈펌, 2011.
- 신성욱, 《조급한 부모가 아이의 뇌를 망친다》, 어크로스, 2014.
- 심혜림·하승희, 〈18-30개월 말 늦은 아동과 일반 아동의 음운 발달 비교〉, Communication Sciences & Disorders, 19(1), 99-112, 2014.
- 쉬미 강 저, 이현정 역, 《내 아이에게 언제 스마트폰을 사 줘야 하나?》, 버니온더문, 2021.
- 이승환, 《유창성 장애》, 시그마프레스, 2006.
- 이영애 지음, 《아이의 사회성》, 지식플러스, 2018.
- 이정원 외, 〈영유아의 미디어 이용 적정화를 위한 정책 방안 연구〉, 육아정책연

구소, 2021.
- 장현진 외(2013), 〈영유아의 기초어휘선정 연구. 언어치료연구〉, 22(3), 169-187.
- 조영환, 《서울대 석학이 알려 주는 자녀교육법: AI·미디어 리터러시》, 서울대학교출판문화원, 2024.
- 코린 에이비스 지음, 권연희 옮김, 《만 6~7세 자녀 이해하기》, 시그마프레스, 2012.
- 패트리샤 J. 브룩스 저, 성미영 역, 《언어발달》, 학지사, 2021.
- 편해문, 《아이들은 놀기 위해 세상에 온다》, 소나무, 2017.

느린 아이를 위한 말놀이 처방전

© 이미래, 2025

1판 1쇄 인쇄 2025년 6월 9일
1판 1쇄 발행 2025년 6월 16일
지은이. 이미래
펴낸이. 권은정
펴낸곳. 여름의서재
표지디자인. 섬세한곰
본문디자인. 눈씨
등록. 제02021-92호
주소. 서울시 은평구 서오릉로 267
전화번호. 0502-1936-5446
이메일. summerbooks_pub@naver.com
인스타그램. @summerbooks_pub
ISBN. 979-11-989848-6-9 03590
값. 18,000원

값은 책표지에 표시되어 있습니다.
잘못 만들어진 책은 구입한 서점에서 바꾸어드립니다.

여름의서재는 마음돌봄을 위한 책을 만듭니다.
함께 아프고, 함께 공감하고, 함께 성장합니다.